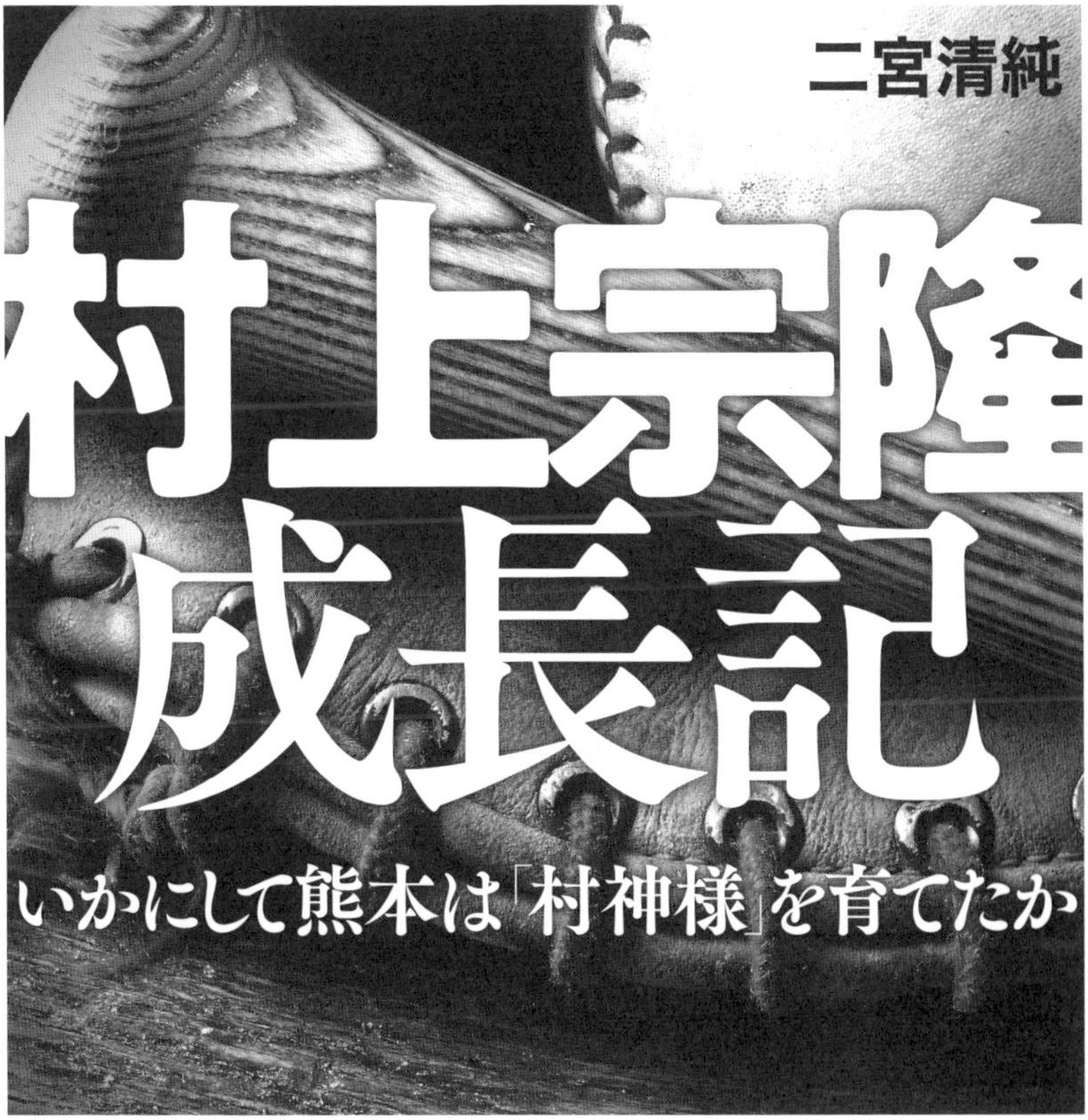

二宮清純

村上宗隆成長記

いかにして熊本は「村神様」を育てたか

廣済堂出版

村上宗隆　成長記——目次

第2章　怪物の片鱗を見せ始めた中学生時代
——熊本東リトルシニア監督・吉本幸夫さんに聞く

第3章　モンスターへの道（高校生時代）
——九州学院高校野球部前監督・坂井宏安さんに聞く

序章　九州が生んだ三人目の神様

5打席連続本塁打の値打ち

２０２２年シーズンの国内におけるプロ野球シーンの主役は、東京ヤクルトスワローズの村上宗隆だった。

１４１試合に出場し、打率３割１分８厘、56本塁打、１３４打点。史上最年少での三冠王に加え、２年連続でセ・リーグのＭＶＰに選出された。

また記録した56本塁打は、１９６４年に王貞治がマークした55本塁打を抜き、日本人登録選手としては史上最多だった。

村上は王と並ぶ55号を放ってから14試合もホームランに見放された。さしものモンスターも重圧にさいなまれているように見受けられた。やはり村上も人の子なのか、と。

しかし、この22歳は、ただ者ではなかった。10月３日、横浜ＤｅＮＡベイスターズ戦（神宮）での７回、入江大生の初球、１５１キロの内角ストレートをライトスタンド上段に叩き込んでみせたのだ。今季最終戦、しかも最後の打席での〝王貞治超え〟だった。

村上と言えば代名詞は〝広角ホームラン〟である。レフト方向に９本、左中間方向に９本、センター方向に13本、右中間方向に８本、ライト方向に17本（東京ヤクルトスワローズ公式サイト2022年試合結果より集計）と満遍なく打ち分けた。55本塁打を記録した際の王と比較してみよう。王はレフト方向に3本、センター方向に3本、ライト方向に49本と、打球方向はほとんどライト一本槍だ。

昨年7月31日の阪神タイガース戦（甲子園）から8月2日の中日ドラゴンズ戦（神宮）にかけて、村上はプロ野球史上初の5打席連続ホームランを記録した。

4打席連続本塁打達成者は過去に13人もいた。錚々たる顔ぶれである（所属球団は記録達成時）。

青田昇（大洋ホエールズ・1956年）
王貞治（読売ジャイアンツ・64年）
長池徳二（阪急ブレーブス・67年）
醍醐猛夫（ロッテオリオンズ・71年）
羽田耕一（近鉄バファローズ・74年）
松原誠（大洋ホエールズ・76年）
高木守道（中日ドラゴンズ・77年）
トニー・ソレイタ（日本ハム・ファイターズ・80年）

谷沢健一（中日ドラゴンズ・81年）
ランディ・バース（阪神タイガース・86年）
ロデリック・アレン（広島東洋カープ・90年）
ダグ・ジェニングス（オリックス・ブルーウェーブ・95年）
ナイジェル・ウィルソン（日本ハム・ファイターズ・97年）

ここで村上の偉業を振り返ろう。5打席連続の1本目となる35号は、阪神戦の第3打席。0対2で迎えた7回表、先頭で打席に立つと、左のサイドスロー渡邉雄大がカウント1－2から投じた外角高めのスライダーを振り抜いた。鋭く伸びた打球は、ヤクルト応援団が待つレフトスタンドへ。

2本目の36号は1対2で迎えた9回表1死の場面。逃げ切りを図る阪神のマウンドには、21年の東京五輪で金メダルを獲得した侍ジャパンの〝戦友〟岩崎優。サウスポーが投じた初球、内角高めの直球をフルスイングすると、高々と舞い上がった打球はライトスタンド最前列に飛び込んだ。

村上のソロホームラン2本で2対2の同点に追いついたヤクルトは延長11回表、2死一塁のチャンスをつくり、打席には村上。2ボールナッシングからの3球目、右腕・石井大智が投じた高めの変化球に鋭く反応すると、打球はレフトポール際に飛び込む勝ち越しの2ランホームラン。自身初となる1試合3本塁打。村上の孤軍奮闘により、ヤクルトは4対2で逆転勝ちを収めた。

移動日を挟んで本拠地の神宮に戻ってきてからも、村上の勢いは止まらなかった。8月2日、中日の先発は前年、最優秀防御率と最多奪三振のタイトルを獲得した右腕の柳裕也。セ・リーグを代表する好投手だ。

初回、3番・山田哲人の先制ソロホームランが飛び出し、2死走者なしで村上に打席が回ってくる。カウント2－1から、柳が投じたのは、ほぼど真ん中のカーブ。柳は109キロの変化球でタイミングを外そうとしたが、ゾーンに入っている状態の村上には通用しない。快音を発した打球はライトスタンド上段に突き刺さった。4打席連続本塁打は史上14人目、ヤクルト球団としては史上初の快挙だった。

ヤクルトファン、いや全国の野球ファンが固唾《かたず》を飲んで見守る中、ついに歴史的瞬間が訪れる。2対0で迎えた3回裏の第2打席、1死一塁、フルカウントからの6球目、柳が投じたチェンジアップを右手1本ですくい上げると、打球は放物線を描いて左中間スタンドに飛び込んだ。

球場が大きなどよめきに包まれる中、千両役者はヤクルトファンで埋まるライトスタンドを指差しながら、ゆっくりとダイヤモンドを一周した。

2022年の村上は何が変わったのか

ここで5本のホームランの内訳を見てみよう。1本目＝レフト（外角高め・スライダー）、2本目＝ライト（内角高め・ストレート）。3本目＝レフト（真ん中高め・カーブ）、4本目＝ライト（真ん中・カーブ）、5本目＝左中間（外角・チェンジアップ）。右左、球種、コース、高低全くお構いなしだ。

二軍監督時代から村上を間近で見てきた高津臣吾監督は「自分のスイングができる。全ての球種、コースに対応できている。崩されているようで崩されてない。追い込まれてもカーンと強い打球を打たれるとピッチャーはしんどくなる」と舌を巻いていた。

海の向こうメジャーリーグに目を移すと連続打席本塁打は4が最高である。22年シーズンまでに6人がマークしている。

ルー・ゲーリッグ（ニューヨーク・ヤンキース・1932年）

ミッキー・マントル（ニューヨーク・ヤンキース・62年）

バリー・ボンズ（サンフランシスコ・ジャイアンツ・２００１年）
アルバート・プホルス（セントルイス・カージナルス・06年）
スクーター・ジェネット（シンシナティ・レッズ・17年）
Ｊ・Ｄ・マルティネス（アリゾナ・ダイヤモンドバックス・17年）

逆に言えばこれだけのバッターが記録に名を連ねながら、もう1本追加できなかったところに、５打席連続本塁打の値打ちがあると言えるだろう。
付記すれば、ゲーリッグ、ジェネット、マルティネス以外に1試合4本塁打を記録している選手は15人もいる。

ボビー・ロウ（ボストン・ビーンイーターズ・１８９４年）
エド・デラハンティ（フィラデルフィア・フィリーズ・96年）
チャック・クライン（フィラデルフィア・フィリーズ・１９３６年）
パット・シーリー（シカゴ・ホワイトソックス・48年）
ギル・ホッジス（ブルックリン・ドジャース・50年）
ジョー・アドコック（ミルウォーキー・ブレーブス・54年）

ロッキー・コラビート（クリーブランド・インディアンス・59年）
ウィリー・メイズ（サンフランシスコ・ジャイアンツ・61年）
マイク・シュミット（フィラデルフィア・フィリーズ・76年）
ボブ・ホーナー（アトランタ・ブレーブス・86年）
マーク・ホワイトン（セントルイス・カージナルス・93年）
マイク・キャメロン（シアトル・マリナーズ・2002年）
ショーン・グリーン（ロサンゼルス・ドジャース・02年）
カルロス・デルガド（トロント・ブルージェイズ・03年）
ジョシュ・ハミルトン（テキサス・レンジャーズ・10年）

村上は九州学院高（熊本）から入団2年目の19年に36本塁打を放ち、ブレークした。ただし打率は規定打席到達者30人の中では、最下位の2割3分1厘。三振はリーグ最多の184だった。

3年目の20年には打率を3割台（3割7厘）に乗せるが、115三振を喫し、2年連続で三振王になっている。

4年目の21年は、39本塁打で、自身初のホームラン王を獲得。敬遠を除く四球数は10

6で、前年に続いてリーグトップだった。

そして三冠を達成した22年、四球数118は3年続けてリーグトップ。敬遠数25もリーグトップ。選球眼が向上したことに加え、相手が勝負を避ける傾向が、より強くなってきたことを数字は裏付けている。

22年シーズン、村上は前年よりも右足の位置をほんの少し、ホームベース寄りに変えた。構え的にはクローズドスタンスだ。バットを立て、懐に大きなスペースをつくる。ストライクゾーンなら、どこに来ても、左、右、中、どこかには放り込めるという、まるで力みを感じさせない自然体のフォームだ。22歳の若さながら、構えからして〝大物感〟がにじみ出ている。

21年シーズンから22年シーズンにかけて、どこが変わったのか。杉村繁打撃コーチの証言を引く。

〈具体的には直球への対応力をさらに上げ、課題の高めを打つこと。そのために①グリップの位置を顔から肩まで下げ、②投手寄りに寝かせていたバットも立たせ気味にし、打つまでの時間を短くした。③バットも先端をくりぬき、軽くするとともにヘッドを走りやすくした。グリップも丸みを帯びたタイカップに替え、村上には合ったようだ。ティー打撃でもトスからいわゆる「置きティー」に変え、一番高い位置に設定して高めを打つ練習をした。それも、試合と同じように全力で振るから身に付く。そうした変化に加え最短距離でバットを振るインサイドアウトの軌道を徹底したことで、さらに速球への対応力も上がり高めを打つ確率も上げて死角がなくなった。

好奇心、強じんな精神力。試合に入れば闘争心と集中力。野球力もある。配球を読む頭の良さだけでなく、イメージ力。例えば大勢（巨人）のフォークの軌道をしっかりイメージできているから、打つことができる。〉（スポーツニッポン2022年10月4日付け）

「55番」を背負った男たち

頼りになる男・村上をヤクルトファンが「村上様」と呼ぶようになったのは2019年頃からだと言われている。初のリーグMVPに輝き、日本一に貢献した2021年のシーズンには、「村神様」なる愛称、いや尊称が定着する。

そして2022年12月には「村神様」が、「ユーキャン新語・流行語大賞」の年間大賞に選ばれるのである。周知のように「新語・流行語大賞」は『現代用語の基礎知識』を発行する自由国民社が、その年1年間に発生した「ことば」のなかから選考し、その「ことば」に関わった人物、団体を顕彰する賞で、最も社会に影響力のあった「ことば」に贈られるのが「大賞」である。

授賞式に出席した村上は、満面の笑みを浮かべながら、「この言葉で野球が日本中、世界中に広がればいいと思っています」と喜びを語った。２０２２年の活躍は、球界を超え、社会全体に強烈なインパクトを与えたと言えよう。

思い出すのは、王が年間最多本塁打の55号を放った2年後の１９６６年に結成されたお笑いコンビの「コント55号」（萩本欽一と坂上二郎）だ。「お笑い界のホームラン王を目指してほしい」という願いがコンビ名には込められていた。それくらい王の55号は社会的に与えたインパクトが強かったということだ。もし、王が56本のホームランを放っていたら、おそらくコンビ名は「コント56号」になっていたことだろう。

プロ野球の世界において、背番号「55」は特別な意味を持つ。古くは台湾出身の大豊泰昭（中日→阪神→中日）が、この背番号をつけていた。王の持つ55号を超えるように、との願いを込めたのだ。さすがに、そこまでの爆発力は発揮できなかったが、94年には38本塁打を放ち、自身最初で最後のホームラン王に輝いている。

背番号55の成功例は〝ゴジラ〟の異名で恐れられた松井秀喜（巨人→ヤンキース→エンゼルス→アスレチックス→レイズ）にとどめを刺す。日米通算５０７本塁打。メジャーリーグでの通算175本塁打は、日本人としては最多だ。日本では、98、2000、02年と3度、ホームランと打点の二冠王に輝いている。また01年には首位打者も獲得している。

メジャーリーグ時代の松井のハイライトは2009年のワールドシリーズだろう。日本人選手初のシリーズMVPに輝き、ニューヨーク・ヤンキースの世界一に貢献した。スタメン出場はDH制のある本拠地でのゲームに限られていたため、打数こそ13と少なかったが、8安打8打点3本塁打、打率実に6割1分5厘。2年連続でワールドシリーズにコマを進めたフィラデルフィア・フィリーズを撃破する原動力となった。

優勝を決めた第6戦、5番DHでスタメン出場した松井は2回裏、四球で出塁したアレックス・ロドリゲスを一塁に置き、メジャーリーグ通算219勝のペドロ・マルティネスからいきなりライトスタンドに叩き込む。3回裏、5回裏にもタイムリーを放ち、ひとりで6打点をあげた。ファイナルスコアはヤンキースの7対3。

試合中から松井には「MVP」のシュプレヒコールが降り注いだ。9年ぶりの世界一の功労者が誰かということを、ファンが一番よく知っていた。

このシリーズ、松井はペドロをカモにした。第2戦でも6回に1対1の均衡を破るソロをライトスタンドに放り込んでいる。

この頃のペドロは全盛期を過ぎていたとはいえ、〝腐ってもペドロ〟である。ボストン・

「村神様」は「2022ユーキャン新語・流行語大賞」の年間大賞に選出される
/写真提供：共同通信社

レッドソックス時代の彼は手が付けられなかった。ビーン・ボールという奥の手を使ってバッターをのけぞらせ、マウンドの上からマウントを取った。しかも、ストレートから数種類の変化球も含め、どのボールも一級品。ヤンキース1年目の松井に対しては10打数無安打と、歯牙にもかけなかった。

それだけに巨人からヤンキースに移籍した03年のア・リーグチャンピオンシップシリーズで、レッドソックスに4勝3敗と競り勝った時の松井の喜びぶりは尋常ではなかった。3勝3敗で迎えた第7戦、ヤンキースはアーロン・ブーンのサヨナラ本塁打でワールドシリーズ出場を決めた。

5対2と3点ビハインドの8回裏、デレク・ジーター、バーニー・ウィリアムスの連打で5対3とし、なおも1死一塁。ここで打席に立った5番の松井はペドロの96マイル（約155キロ）のストレートを力任せにライト線に引っ張った。この試合、2度目の2ベースだ。1死二、三塁から、続くホルヘ・ポサダがすくい上げた打球はセンター前にポトリ。二塁からホームにスライディング後、起き上がりこぼしのように立ち上がり、ジャンプ、そしてガッツポーズ。日頃感情をあまり表に出さない松井が、これほど無邪気な姿を見せたことは、ほとんど記憶にない。この松井の執念が、ブーンのサヨナラ本塁打を生んだのである。

「ウ～ン、何と言うか、言葉にならない。最高にうれしいです」

この時の松井は、誰がマイクを向けても、同じ言葉を口にしていただろう。

その一方で、「55」が重荷になっているのでは、と感じられる選手もいた。巨人、北海道日本ハム、横浜ＤｅＮＡで計14年間プレーし、15年目のシーズンを迎える大田泰示である。

大田は09年、ドラフト1位で東海大相模高（神奈川）から巨人に入団した。原辰徳監督の後輩ということもあり、入団時から目をかけられていた。

身長１８８センチ、体重96キロの偉丈夫。高校通算65本塁打は松井の60本塁打を上回るもので、「55」という背番号に球団の期待の大きさが、そのまま表れていた。これはヤンキースに移籍した松井が02年まで背負っていたものだったからだ。

蛇足だが、このニュースを受け、松井は「もう僕には戻る場所がなくなった」と寂しげに語ったという。巨人時代、「55」にそれほどの愛着がないと言われていた松井だが、長年背負ったことで自らの分身のようになっていったのだろう。

原から「ポスト松井」と期待された大田だったが、巨人では鳴かず飛ばずに終わった。心機一転、13年オフに背番号を「44」に変更したが、層の厚いチームにおいてレギュラーの座を確保することはできず、16年オフ、大田と公文克彦、吉川光夫と石川慎吾との２対

2のトレードで北海道日本ハムファイターズに移籍した。

大田にとっては、これが吉と出た。移籍1年目の17年、プロ入り9年目にして、自身初の規定打席数に到達した。15本塁打、46打点は、いずれもキャリアハイだった。19年には20本塁打を記録、20年には外野でゴールデン・グラブ賞に選出される。背番号は「55」から「44」そして日本ハム時代は「33」と一回りずつ小さくなっていったが、それに反比例するかのように成績は少しずつ上昇していった。背番号のくびきから解き放たれたことで、自分自身を取り戻したと言えるかもしれない。

三人目の神様

先に〝村神様〟について述べたが、日本のプロ野球には先代の〝神様〟が2人いる。ひとりは〝神様・仏様・稲尾様〟の稲尾和久、そしてもうひとりは〝打撃の神様〟川上哲治だ。

まずは稲尾である。先の名フレーズは、どういう経緯で生まれたのか。それには1958年のパ・リーグにおける稲尾の八面六臂の活躍を知る必要がある。

このシーズン、三原脩監督率いる西鉄ライオンズは、7月の時点で首位を走る南海ホークスに最大で10・5ゲーム差をつけられた。しかし、8月に入ってから、猛烈に巻き返す。17勝6敗1分けと大きく勝ち越し、9月14日から10月2日にかけて13連勝（引き分け含む）。その中心にいたのが稲尾だった。後半だけで17勝（1敗）をあげる活躍で、大逆転でのリーグ3連覇に貢献したのだ。

このシーズン、稲尾は72試合に登板し33勝10敗、防御率1・42。最多勝、最優秀防御率、MVPなど多くのタイトルに輝いた。

しかし、それはまだ稲尾の〝神様仏様〟の序章に過ぎなかった。巨人との日本シリーズで3連敗からの4連勝、西鉄大逆転日本一の立役者となるのである。

西鉄には天が味方した。巨人の本拠地・後楽園球場で連敗し、福岡に戻り地元の平和台球場でも敗れ3連敗となった次の日、福岡には雨が降った。これにより1日順延。これが文字通り、西鉄にとっては〝慈雨〟となったのだ。

三原は第3戦で完投した稲尾を第4戦でも中1日で先発させ、6対4で勝利、西鉄は土壇場で踏みとどまった。続く第5戦でも三原は稲尾をリリーフに送る。その稲尾が延長10回裏、サヨナラホームランを放つのだから、これはもう神がかっているどころの騒ぎではない。

舞台を後楽園に移した第6戦、稲尾は完封勝利で3勝3敗。翌日の第7戦も先発し、稲尾は巨人打線を9回1点に封じるのだ。西鉄はこの試合を6対1でものにし、3年連続の日本一を達成したのである。

このシリーズ、稲尾は7試合中6試合に登板し、4勝2敗でMVP。地元紙は「神様、仏様、稲尾様」の見出しを掲げ、その偉業を称えたのである。

そして川上である。巨人一筋でプロ通算2351安打。1956年5月31日には、中日の中山俊丈から、NPB史上初の2000安打を達成している。タイトルとしては首位打者に5回（1939、41、51、53、55年）、本塁打王に2回（40、48年）、打点王に3回（39、41、55年）輝いている。なおピッチャーとしても通算11勝をあげるなど、プロ入り当初は投打の〝二刀流〟としても活躍した。

川上の打撃の真骨頂は、ピッチャーが投じたボールの芯を射抜くミートの正確性、それによって生じる打球の速さで、野球評論家の大和球士は、川上の放った高速の打球を「弾丸ライナー」と名付けた。さながら今ならラインドライブヒッターである。

川上がいかに完全無欠のバッターだったか。対戦した往年の名投手から、直に話を聞いたことがある。〝小さな大投手〟と呼ばれた長谷川良平（広島）は、「川上さんには〝オマエのボールを打ってやるぞ〟という気迫があった。しかも一度構えたら、全く動かない。スキのない怖さがあった。セ・リーグには当時、藤村富美男（阪神）、青田昇（巨人→阪急→巨人→洋松→大洋→阪急)、小鶴誠(名古屋→中部日本→中日→急映→大映→松竹→広島)といった強打者がいたが、迫力という点では川上さんが一番だった」と語った。

また、日本で初めて〝魔球〟と形容されたフォークボールを操った杉下茂(中日・名古屋・中日→大毎)は、「普通の打者は追い込んでしまったら、〝どう仕留めよう〟という気分になるものだが、川上さんだけは別。2ストライクをとってもボール球を振らないから息が抜けなかった。打たれても、〝神様だからしょうがないや〟という気分にさせる人でした」と述懐した。

川上には名言がある。

「ボールが止まって見えた」

止まるはずのないボールが止まって見える——。この時点で川上は神の領域に達していたのだろう。

川上が「ボールが止まって見える」不思議な体験をしたのは、1950年、シーズン中に行った多摩川グラウンドでの〝特打〟である。シーズン途中、スランプに見舞われた川上は、二軍投手を相手に一心不乱にバットを振り続けた。

〈そのうち、投手が球を投げる、構えて足を踏み出す、目の前で球がピタリと止まる、止まるところを打つ、というリズムが自然に生まれてきた。

「いままで捜し求めていたバッティングのコツは、これだな」と内心で思いながら夢中で打っていたが、しばらくしてハッと我に返った。

マウンド上で投手がボールを持ったまま、立ちつくしている。「どうした」と聞くと、「もう、かんべんして下さい」と言う。不審そうな顔つきをする私をみて、彼は「もう一時間以上打っています。数にしても三百球以上です」と、本当に疲れ切った表情をした。「ああ、それはすまなかった」と言って練習はやめたが、それほど時間のたつのも、なにもかも気がつかなかった。

球を投げてもらっているのもわからない。「球が止まる」という一点だけに精神が絞られていたわけで、他のことは一切眼中になかった。まさに、球と私とが一体になっているという感じだった。〉（鶴岡一人・川上哲治・西本幸雄・稲尾和久『私の履歴書　プロ野球伝説の名将』日本経済新聞出版社）

翌51年、川上は自己最高の3割7分7厘という高打率で、自身3度目の首位打者となるのである。

村上も5打席連続本塁打を記録した頃は「ボールが止まって見えた」のではないだろうか。〈球と私とが一体〉となっている瞬間を、村上も味わったのかもしれない。

「構えあって構えなし」――宮本武蔵の教え

熊本県球磨郡大村（現人吉市泉田町）出身の川上は、晩年、熊本市西方の金峰山にある雲巌禅寺の霊巌洞にこもった剣豪・宮本武蔵に心酔し、武蔵の『五輪書』にあやかって『常勝の発想　宮本武蔵「五輪書」を読む』（講談社）というタイトルの著作を世に送り出している。

本著を読んで初めて知ったのだが、霊巌洞は川上の母校・熊本工高から歩いて1時間ほどの距離にあり、遠足などでよく足を運んでいた。そんな縁もあり〈武蔵は少年の頃からアイドルだった。それは、全国を股にかけ武者修行しながら技を磨き、心を磨き、弱きを助け、強きをくじく、強く、正しく、たくましい英雄のイメージとして、幼心に定着していた〉（同前）という。

川上は〈武蔵の剣の持ち方と、野球のバットの握り方はほぼ同一だ〉ということに注目する。〈バットも、右打者は左手の、左打者は右手の中指、薬指、小指でしっかりと握るのがまず基本だ。この基本をしっかり守っている限り、バットがスッポ抜けることはまずない。親指と人差指をやや軽く握るのは、武蔵の剣同様、あらゆる状況に順応できるよう

に、調節機関の役目を果たすからである〉

川上によると〈剣をバットにおきかえれば、これはそのまま、見事な打撃理論だ〉となる。〈バットを二本の指で振るわけにはいかないが、速く振ろう、遠くへ飛ばそうと思えばかえって身体に余計な力が入り、バットは俗にいう〝波〟をうってしまう。武蔵のいうように「ふりよき程に静にふる心」が肝心なのである〉

静にふる、とは余計な力みがないということであろう。これは村上のバッティングにも相通ずるものがある。

村上はヤクルトに入団当初は顔の前方でバットを構えていたが、年々、後方に引くようになった。それにより左側が閉じ、弓をピーンと張った状態が長く保てるようになった。手首は「返す」のではなく、「返る」。どこまでも自然体のフォームである。

川上はバッティングの極意を「腰で打つ」ことといい、〈スウィングの回転運動は腰、肩、腕の順序で伝わっていくのが望ましい〉のだという。またフォロースルーにおいては「手首をこねない」ことが肝要だと説く。村上は「手首を返さない」と表現したが、言わんとしていることはほぼ同じである。

〈インパクトの瞬間、きき腕は少し曲がってゆとりがあり、そこから腰の回転につれて両腕を伸ばし、自然にリストを返していく。つまり、身体の回転に乗せて、前腕のひきとう

しろ腕の伸びによって、自然にリストを返していくのである〉（同前）

さて武蔵が著した『五輪書』の「五輪」はもともとは密教用語で、「地・水・火・風・空」の五巻により構成されている。「水の巻」では太刀の持ち方や構え方で、剣術の具体が示されている。

その中に「有構無構の教え」という項目がある。有構無構、要するに「構えあって構えなし」ということだ。

〈太刀を構えるということがあってはいけないということである。しかし（太刀を）五方に置く（構える）ということにはなるので、構のようなことにはなるであろう。太刀は敵の縁（出方）により、場所により、状況にしたがって、どこに太刀を構えても、その敵を切りやすいように持つことである〉（大倉隆二訳『決定版五輪書現代語訳』草思社）

構えには上段、中段、下段などがあるが、状況によっては上段でも下がり気味になることがある。そうなれば中段だ。逆に中段でも、少し上がり気味になれば、上段と変わりはない。すなわち〈構はあって構はないという道理になる〉のである。

それよりも大事なのは〈敵を切る〉ことだ。目的達成のためには手段にこだわるべきではない、というのが武蔵の考え方だ。

相撲で言えば大横綱の大鵬が、同じような考え方の持ち主だった。

大鵬は、基本的には左四つに組みとめてからの左上手投げやすくい投げを得意にしていたが、右四つでも相撲がとれた。押し相撲にも安定感があった。

しかし、横綱になった当初、得意とする型を持たない大鵬は「短命に終わる」と酷評された。解説者の神風正一は大鵬の相撲を「ナマクラ四つ」と蔑《さげす》んだ。右四つ、左四つのどちらでもとれるが、これといった型がないから長続きしない、というわけである。

生前、大鵬にこの点を質したことがある。

大横綱の答えは簡潔にして明瞭だった。

「せっかく、ひとつの型ができても、その型にならなければ勝てないというのでは話になりませんよ」

武蔵言うところの「構えあって構えなし」である。構えにしろ、人数立《にんじゅだ》て（軍勢の配置）にしろ、武蔵は〈すべて合戦に勝つための手段である。（構の形に）固執するというのはよくない〉（同前）と述べている。これこそが生涯60戦無敗の極意だったのだ。

こじつけるわけではないが、村上も熊本市出身である。武蔵や川上にまつわる言い伝えを、どこまで知っているか定かではないが、バッティングを追求する姿勢には先達を彷彿とさせるものがある。

また、やわらかく、さあ、どこからでもかかってきなさいとでも言わんばかりの懐の深

シーズン56号を放った時の村上宗隆選手（2022年10月3日、神宮球場）
／写真提供：共同通信社

いフォームは、武蔵が追求した〝構えあって構えなし〟を具現化したもののようにも思える。

令和の大打者・村上宗隆の原点は火の国・熊本にある。彼は熊本で、どんな少年時代を送り、どんな指導者から手ほどきを受けたのか。ダイヤモンドがまだ原石だった頃の原風景を探るため、2022年の師走、熊本に飛んだ。

第1章　元プロ野球選手直伝！「野球塾」に学んだ小学生時代

――PBA野球塾校長・今井譲二さんに聞く

村上宗隆は、どんな野球少年だったのか。それを最も知る人物と言っていいだろう。熊本市にあるＰＢＡ（プロフェッショナル・ベースボール・アカデミー）で校長を務める今井譲二さんである。

山本浩二、衣笠祥雄、江夏豊らが活躍した黄金期の広島カープの選手だった今井さんは１９８９年に現役を引退すると故郷の熊本に戻り、２００５年、小中学生を指導する野球塾を開いた。

父親に連れられ、その門をくぐったのが村上兄（友幸）と村上弟（宗隆）だった。果たして宗隆少年はどんな子で、今井さんは村上兄弟をどのような方針で指導したのか。小中学校時代のエピソードも交え、振り返ってもらった。また、今井さん自身が歩んできた野球人生にも話は及んだ。

元プロが教える野球塾の誕生

二宮　今井さんは広島カープの元プロ野球選手で、今はＰＢＡという野球塾の校長をされている。そこに子ども時代の村上選手が通っていたということですが、まず、この野球塾についてお聞きしたいと思います。いつ頃始められたんですか？

今井 2005年の創立ですから18年目ぐらいですね。元々、私の家の家業が魚屋でして、熊本市内に本店がありました。私はプロ野球を現役引退後に親の跡継ぎで帰ってきたんですよ。

二宮 大きな魚屋さんだったんですね。

今井 一応、うちの父が中心になって身内だけでやっている会社だったんですが、大変だから早く帰ってきてくれと。それで、カープ球団からは球団に残ってくれないかという話もあったんですけど、現役引退した平成元(1989)年に帰ってきたんです。帰ってきて父親の跡を継いだ会社が結局ダメになるんですけど、その当時、私の先輩から、バッティングセンターの中にプロの人が指導する野球塾を作りたいという話がきたんです。ちょうどバッティングセンターでプロ野球のピッチャーがバーチャルで投げるというスタイルが出だした頃で、それを九州で初めてやっていたんですね。その人から野球教室をやってみないかという話があったんです。

二宮 プロ経験者が野球の指導をするバッティングセンターですか。

今井 そうですね。最初は週に1回、平日の月曜日に始めたんです。そうしたら、私の身内だけで20何名集まった。それが始まりで、そこからどんどん大きくなっていって、最終的には400名ぐらいになったんです。

二宮　年齢制限みたいなものはあるんですか？

今井　僕らプロ野球経験者が教えられるのは小学1年生から中学3年生までで、高校生は、今はその免許も取得しましたけど、許可がないと指導はできません。10年ぐらい前にその免許制度ができた時、僕は真っ先に取りました。

二宮　元プロ野球選手の学生野球資格回復制度ですね。

今井　そうです。ただ僕は高校野球にも興味はありましたが、底辺拡大のために子どもたちに無理をさせず正しいことを教えたいというか、あまり急がずに野球を教えていきたいというのがありました。というのも、過剰な指導というのが多い気がしていたんです。試合でエラーしたら怒られる。エラーしたらもう試合に出さないとか、そういうのがあって、小中学校でそれはどうなのかな、もっと野球を楽しんでもらわないと次世代の子たちが育ってこないし、底辺が育たないとプロ野球だって発展しないという気持ちがあったんです。

それでやり始めたら400名ぐらいになって、その頃、タレントで懇意にしていた井手らっきょがやって来て、「今井さん、東京で僕も野球塾をやりたい」と。だったら僕が知っていることはすべて教えるよと言ったんです。ただ、東京だとなかなか施設が確保できない。「じゃあ、熊本でやればどう？」となった。僕の中に、野球だけの正式な塾をやっていきたいという気持ちがあったので、そう提案したら、やりましょうと。それで、資金は彼が『マネーの虎』という当時の人気番組に出て調達して、現場は僕がやりましょうという話になったんです。

二宮　元々のバッティングセンターもここにあったんですか?

今井　いえ、バッティングセンターはもっと町中にありました。ここに移って野球塾を始めた時はプロ野球の12球団が全部見に来ました。その頃になると、プロ球団もジュニアチームを持つような流れになっていましたから。

当初は人がどれだけ来るかと不安だったんですが、最初から200人近くが来てやり始めたんですよ。

村上兄弟との出会い

今井　その後、村上の兄貴も村上もお父さんが野球が大好きな人だったこともあって入ってくるんです。お父さんは特待生としてある高校に行かれたんですが、肩を壊して挫折したという話でした。

二宮　文徳高校だと聞いています。

今井　今の文徳、昔の熊本工大高に行かれた方ですけど、肩を壊して手術をされ、野球ができなくなったみたいですね。長男の友幸と次男の宗隆を連れてきたのは、そのお父さんです。それで「今井さん、できれば長く野球をできるように、体を壊さないように指導して欲しい」というようなことを言われた。当時はプロ野球選手にしたいとか、そんなことは全く考えていなかったはずですよ。

二宮　自分の経験があったから、ケガだけはして欲しくないと。その気持ちはよくわかります。

今井　それがずっとあったようです。だから「ピッチャーはあまりやらせたくないんですよね」って言いながらも、長男はピッチャーになっていって、その後ムネも入ってきたわけです。

二宮　ここから育っていったプロ野球選手は?

今井　もちろんプロ野球を目指すような子もいれば、そうでない子もいますが、18年やって、村上を含めて6人ぐらいプロ選手が出ているんですよ。最初はソフトバンクに行った猪本健太郎。その次が高野一哉で、日本のプロ野球ではなくドジャースのマイナーリーグに入ったんです。その子は体が大きくて、当時の村上少年は彼を目の前で見ていました。その次が阪神で活躍中の岩貞祐太。次に村上がヤクルトに行って、その次が西武の川野涼多、そしてソフトバンクに育成で入ってもう辞めちゃったんですけど荒木翔太です。社会人や大学にもたくさんいますから、まだこれから出てくるんじゃないかなと思っているんですけど。

毎年、キャンプの前にプロ野球選手たちがここに来て、2、3週間練習したりもします。巨人の江藤（智）君やヤクルトの福地（寿樹）君、巨人から阪神に行った山本泰寛君とか中日の荒木（雅博）君なんかも現役の時はここで僕がノックしたりしていました。そういう風景を見られる環境の中で育っていったのがムネたちなんですよ。

PBAとは?

二宮　ここは結構な広さがありますよね。

今井　400坪はあると思います。ピッチングや内野ノックもやれればと思い、広いところを探しました。

二宮　PBAはどういう法人になるんですか?

今井　これだけの土地を確保するとなるとお金もかかりますから、サポートしてくれる親会社が必要になります。上野商事という会社なんですが、パチンコ店を10数店舗やっていて、スーパーやゴルフ関係の事業もやっている。そこのオーナーの息子さんが野球関係をやっていた縁で、うちがサポートしましょうということで始まったんです。だから、40坪の広さもあって人工芝も敷いてあります。これを東京都内でやろうと思ったら、とんでもないですよね。

二宮　生徒さん、今は何人ぐらい？

今井　今は140人ぐらいです。

二宮　失礼ながら月謝は？

今井　いろんな割引もありますが、基本は週1回コースで1万6500円です。今は中3の子に対して硬式高校野球対応コースというのを作って、その生徒が相当増えてきていますね。中体連（日本中学校体育連盟）の試合が終わって軟式から硬式に変わってくる子もいるし、なかなか試合に出られない補欠の子もいますよね。ここでは6チームぐらい作って全員がスタメンで出られます。僕らから見ると、そういう子の中にも結構いい素材の子がいるんです。それで、いろんな高校の監督さんが見に来るようになった。いっぺんに見られますから。

二宮　県外からも来られますか？

今井　大阪桐蔭高の西谷浩一監督も来たことがありますし、県外に行く子もいますね。ただ、生徒たちは各地のリトルシニアとかボーイズとかに所属しながら、うちの野球塾に来

PBA熊本校の外観と室内施設

ていますから、話をするのはその監督さんが中心。村上の場合なら熊本東リトルシニアの吉本幸夫監督が話の中心で僕らはあくまでもサポート役です。

二宮　吉本監督とはどんなお話を?

今井　雨の日なんかはよくここをレンタルしていただいて、親しいですよ。子どもたちに野球は楽しむものなんだよ、ということを教えて野球人口を増やしていきたい。プロ野球じゃないんだからうまい下手じゃなくて、みんなに野球の試合を経験をさせたいといった考えが同じなんです。ずっと補欠で試合に出られないと、高校に行ったらもう辞めたいとなってしまう。僕はそうではなくて、中学校の3年間ぐらいは試合にも出られて、身内の方にも見に来てもらいたい。そういう考え方なんです。うちはマイク放送もあってアナウンスも保護者がやってくれてと、だからうちの試合は雰囲気がいいですよ。

二宮　1回で何時間ぐらい教えるんですか。

今井　だいたい2時間半です。

二宮　マンツーマンで教えるわけですか?

今井　今、スタッフにプロのOBが4人、それに卒業生の子が4人ぐらい加わるので8人ぐらいです。バッテリーと野手と大雑把に分かれて指導しますが、指導者がマンツーマンに近いような形で「君はこうだからこうしていこうな」と声を掛けてやっていきます。もちろん個人差がありますから、一律の指導にはなりませんが。

まずは壊れない体をつくる

二宮 村上選手はお兄さんと一緒にここに入ってきたんですか?

今井 お父さんがお兄ちゃんと一緒に連れてきて、小学3年生の時からここに来ましたね。

二宮 それぐらいの年齢だと、どういう指導になるんですか?

今井 当時の彼に一番やらせたのは、ストレッチを含めた柔軟です。30分ぐらい徹底してやらせました。それと成長期の子はしっかり食事をすることが大事ですから、ランニングなどのトレーニングをしたら、しっかりご飯を食べなさいと。何をやるにも体が資本じゃないですか。だからまずは強い体、大きな体を作りなさいと。

二宮 まずは体づくりを優先したわけですね。

今井 ともすると、小学校の段階でも技術練習が先になっちゃうんですよね。正しい投げ方とか振り方とかもちろん大事なんですけど、その前に、まず壊れない体を作ろうと。それと同時に、無理をさせないということ。肘が痛い、肩が痛い、足が痛いという子は絶対にそれ以上やらせないというのが基本で、ちょっとでも痛いと言ったら絶対に外す。子どもを守ることが大事なことだって、そこはスタッフ全員が共有しています。

ちょっと痛いぐらいのことなら親はやらせたいし、子どももやりたいけど、僕らはたくさんケガをする子を見てきたんですよ。ここに来ている子が育ってくれば、リトルのチームなんかでも中心投手になります。いい子はだいたいピッチャーになりますから。そうなると、毎試合その子が投げるんですよ。親も子どもの活躍を見たいから少々肘が痛くても「うちの子しかいませんから」とか言い出すわけです。「お母さん、そんなことを言って潰れちゃったら、先がないですよ」と僕らは訴えて、病院に行かせたりすることもあります。小学校の時の過酷な投球がたたって中3ぐらいになって手術という子が何人もいるんですよ。あの子がなんでこうなるの？　という悲惨な例をいくつも見てきたからこそ、絶対に急がない、焦らない、ということです。

親のほうが結果優先になってしまって、うちの子は打てません、ストライクが入りませんとか。立つことすらフラフラしている小学生に、それを求めないほうがいいですよという話をします。まずは親御さんに納得してもらわないと。村上のところは幸いなことにお父さんがケガで辛い経験をされていたから、そこは十分に理解されていましたね。

仰天の食欲――ある合宿の夜の出来事

二宮　村上選手は最初から硬式で？

今井　いえ、村上兄弟は中学校に入って硬式に変わりましたが、最初は軟式です。僕は両方はやらせないものですから、軟式の子と硬式の子に分けているんです。中学生になって高校野球対応コースの子はもう全員硬式ですけど。

二宮　村上選手を最初ご覧になったときは、まだ小学3年生ですよね。体も小さかったと思うんですが、どんな印象でしたか？

今井　皆さん、村上の今を見ているから、小さい頃からずば抜けたすごい子だったんじゃないかというイメージがあると思うんですが、決してそうじゃないんですよ。ただ、5年生の夏、阿蘇に小学生だけの土日の1泊合宿に連れて行った時にびっくりすることがいくつかありました。地元のチームと試合をやったりもしたんですが、驚いたのは野球よりも夜の食事でした。ムネがご飯を8杯ぐらい食ったんですよ。これにはちょっとびっくりしましたね。

二宮　まさか丼鉢に8杯とか？

PBA野球塾で練習していた頃の村上宗隆選手／写真提供：今井譲二氏

今井　いや普通の茶碗なんですけど、「これ3杯食べないと遊べないぞ」とか言って普通の茶碗に山盛りご飯ですから、それを8杯といったら漫画の世界です。中には3杯食べるのに時間のかかる子もいるわけですが、ムネは異次元の食欲でしたね。そうかと思ったら今度は夜、楽しくて枕投げが始まるんですが、その最中にムネだけ一人、グーグー寝ていましたね。

二宮　早寝早起き。お父さんの教えなんでしょうか?

今井　夜、子どもを遅い時間まで起こしておかない、早く寝かせるというのを徹底していたようで、8時半ぐらいになると、みんな大騒ぎで枕投げをしている中、ムネは一人爆睡していました。こいつはえらい大物になるんじゃないかと思いましたね。

小学5年生で放った3打席連続ホームラン

今井　それに地元の子たちとやった試合でも驚きがあったんですよ。お父さんがちょっと用事で試合を見に来られなくて、お母さんとおじいちゃんが来られていたと思うんですけど、その試合でレフトにホームランを打ったんです。今でも逆方向へのホームランが多いと思いますが、小学校のときからレフトに打っていたんですよ。それで「おお、すごいね」

と言ったら、次の打席にまたセンターに完璧なホームランを打った。そして3打席目、「ムネ、今度は引っ張ってみろ」って言ったんです。そうしたら今度はライトにどえらいホームランを打った。それで3打席連続ですけど、それは過去にもやった子がいたんです。だから「ムネ、4打席連続は誰もいないんだからな」と。で、4打席目、ムネが打席に立つと、地元チームの外野の子たちがみんな思いっきり下がったんです。こっちは「好きなように狙いなさい」とムネに言って、今度は右中間にすごいのを打ったんですよ。

二宮　4打席連続ですか？

今井　いや、惜しくもツーベースでしたけど、ここぞという場面で強いのは当時からでしたね。

二宮　それが小学5年の夏ですね。飛距離でいうとどれくらい？

今井　ライトに打ったホームランなんかすごかったですよ。100mは飛んだんじゃないですかね。考えられないぐらい飛んで、4打席目はみんな下がりました。ライトはスタンドというかフェンスがあって、レフトとセンターにはないですけど、間をゴロで抜けていく当たりじゃなくて外野手の上を越えていく完全な打ち越しでしたからね。当時、ムネがしょっちゅう打っていたイメージはないんですけど、当時から手も大きかったし、リストも強かった。今になって当時のムネのバッティングの連続写真とかを見ると、高めのボールに対してバットが立って出ている。小学生であれができる子はあまりいないと思いますね。

二宮　3打席連続ホームランを目の当たりにした時、この子はプロになるなと思いましたか?

今井　いや、そうは思わないですけど、すごいなとは思いました。その段階では、プロがどうこうじゃなくて、この子はやっぱり言った通りに打てるんだなとか、ここで打ってくれと言ったら必ず打つ。この子は持ってるなとは思いましたね。

頑固な小学生だった村上

二宮　小学校3年生で今井さんの野球塾に入って、5年生でもう3打席連続ホームランですよね。わずか2年間でそこまで成長するとは……技術的には、どんな指導をされたんですか?

今井　基本となるレベルスイングの指導はしていましたね。その当時から彼のスイングはもちろん変化はあるでしょうけど、基本的な良いところはあまり変わってないような気がします。性格的には、負けず嫌いで頑固。あいつ、小学校の時から、自分がこうと思ったら絶対に曲げないんですよ。

二宮　だいたいプロで成功する人って、そういう頑固な面を持っていますね。

今井　今思えば、ああ、そういうことなんだなって思いますね。ご飯を食べるにしても、寝るにしても、常にマイペースで、自分の決め事は絶対にやり通す。バットを何回振ると決めたら絶対やる。そういうものは当時からありました。

二宮　それ、お父さんの教え、それとも自発的なものですか？

今井　僕はお父さんの教えだと思っています。ご両親が本当に欲がない方で、お父さんも自分が無理をしてケガをしたからか、息子をプロにとか、そういう気持ちがさらさらない人なんですよ。お母さんもそう。「お母さん、3兄弟いるから1人ぐらいプロになるかもしれないね」という話をしたら、「今井さん、なるわけないじゃないですか。うちは、好きな野球を楽しんで、ケガをしないようにできたらそれでいいんですよ」と、そういう人ですから。野球選手として大きく育つには、体を大きく強くするためにしっかり寝て、食べる。もうこれが基本。そしてケガをしないためにストレッチ、柔軟体操。それを彼は今でも練習メニューの中に取り入れています。それを続ける信念というのは、すごいと思いますよね。

二宮　お父さんが大柄で、お母さんもバレーの選手で大きいと聞きました。

今井　はい。お母さんも大きいです。それであの食欲ですから、中学生になって急にドンと大きくなっていきましたね。

そう言えば、お父さんに「一度試合を見に来てください。あんまり当たらないんですよ」と言われて試合を見に行ったこともありました。小学生の時の話です。その時僕は、「お父さん、今打てる、打てないじゃないから。今は基本的なことを続けることが大事なことだと思いますよ」というような話をしました。そうしたら、やることをしっかりやれる子だから、だんだん打てるようになって3打席連続ホームランも飛び出した。引っ張ってホームランを打ってみろとか、こうやって振ってみろとか言って、それができた子というのを小学生では初めて見ましたよ。

「ムネがすごいの打ったよ。お父さんも見に来たらよかったけど、（見に来たら打てなかったかもしれないから）来ないほうがよかったかも」って笑い話にした思い出があるんですけどね。

二宮　村上選手は6年生が終わる頃に吉本監督のリトルリーグ（熊本東リトルシニア）に入っていきますよね。それまではどこかのチームに？

今井　小学校の軟式のチームに入っていました。そこでキャッチャーをやらされたりしていましたね。うちでは将来を考えていろんなポジション、サードもショートもピッチャーもファーストもキャッチャーもやらせました。足も結構速かったですね。

迷っていた高校選び

二宮　中学卒業後は地元の強豪、九州学院高に進むわけですが、何か相談はありましたか？

今井　中学校の時に、ちょうど雨の日にここで練習をしていて、進路で迷っていることを口にしたことがありましたね。九州選抜に選ばれて台湾遠征に行った時、そのチームの指導者が鹿児島県の神村学園の人だったんですよ。その人と波長が合ったんでしょうね、本人は神村学園に行きたかったようです。その時ちょうど吉本監督もいて、将来を考えたらその必要はないんじゃないか。地元の九州学院から大学にも行けるし、他にもいろんな選択肢もあるよと。僕もそれに賛成でしたから、九州学院に決まったんです。結果的にはいい選択でしたね。

二宮　本人はいつ頃からプロ野球を意識していたのでしょう？

今井　中学3年の時は体がかなり大きくなっていましたし、ここから高野がドジャースへ行ったのとかも見ていましたから、僕もああいうふうになりたいとか、プロへの夢はあっ

熊本に帰省した村上宗隆選手と今井譲二氏／写真提供：今井譲二氏

たみたいです。高3になるとそれが現実味を帯びてきましたからLINEで「僕、ドラフトにかかりますかね?」と言ってきたり。九州学院の当時の監督だった坂井(宏安)君はドラフト3位までに入らなかったら大学へやるつもりだったようで、上位でかかるかどうか心配だったみたいですね。

その当時、懇意だった広島カープのスカウト部長、苑田(聡彦)さんが熊本工高のある選手を見にこっちに来るからというので、一緒に見に行ったんですけど、その時、村上は欲しいけど、たぶん2位まで残っている選手ではないと言っていました。村上の評価がものすごく高かったんですよ。

二宮 その選手は山口翔(熊本工高から広島に17年ドラフト2位で指名)でしょうね。

今井 まあ、その辺はあれも取りたい、これも取りたいというのがあったんじゃないですか。でも、そういう話を聞いていたものですから、「お前はそうやって言われているぞ。だけん大丈夫。心配するな」と村上に言ったんです。で、結果的にヤクルトに決まったんですが、実はヤクルトの小川淳司GMは中央大学の1年後輩で僕の部屋子。すごく親しかったんですよ。そういう縁もあってドラフトの前に「今井さん、いきます」と連絡がありました。ヤクルトが抽選で引き当てた後もLINEで小川とやり取りして、よろしく頼むと。その後村上の入団と同時に彼は一軍の監督になった。不思議な縁ですよね。

二宮 しかし、最初から村上を1位に指名した球団はなかったわけですよね。

今井 そうですよね。だから彼の中では、自分の評価は清宮や安田よりずっと下、何クソという気持ちはすごくあったでしょうね。負けず嫌いですから。それがよかったんじゃないんでしょうかね。

二宮 PBAには元プロの人たちもたくさん関わっていますが、基本は今井さんが教えたんでしょうか?

今井 そうですね。ここでは僕がほとんど指導しましたね。

二宮 今の村上選手の特徴として、足のスタンスが広いですよね。あのスタンスの幅も教えたんですか?

今井 いや、以前はあそこまで広くはなかったですね。それもいろんな考えの中でやっているんじゃないですかね。それと僕が聞いている範囲では、バットの先端のくり抜きは青木宣親選手じゃないですか。今はいろんな系統のボールに対応しなければいけない。昔、山本浩二さんや衣笠祥雄さんが950~960gのバットを振っていたような時代ではないですからね。今はどんなバッターも900g以下の軽めのバットで動くボールに対応するようになっていますから。

実は大変だった今井自身のプロ野球への道

二宮 今井さんは鎮西高校で野球をやられていた。高校時代の村上選手を指導された九州学院前監督の坂井さんは、ご自身も九州学院の卒業生ですが、坂井さんと今井さんの学年差は？

今井 坂井君は1つ下で、僕が3年の時、2年生だったはずです。坂井君との縁は息子さんです。息子さんの坂井宏志朗君が小学生の頃、バッティングドームで400人の生徒がいた時代に指導したんです。彼はお父さんの姿をずっと追いかけるように九州学院で甲子園に出場し、最終的には高校の先生になって、今、九州学院で教えていますね。

二宮 なるほど。中学生時代の村上選手を指導された熊本東リトルシニアの吉本さんは熊本工高の出身ですよね。

今井 そうです。吉本さんは僕の1つ上でショートをやられていました。

二宮 練習試合で、江川卓さんからヒットを打ったとおっしゃっていました。

今井 そうですか。僕は鎮西でショートをやっていて、その時のピッチャーが南海ホークスへ行った山内孝徳だったんですよ。

二宮 ホークスで7年連続2ケタ勝利を挙げました。
今井 高校時代は孝徳と一緒に3年間下宿生活をしていて、その下宿からプロが3人出ているんですよ。部屋は汚いし、その当時は洗濯機も風呂もテレビも冷蔵庫もありませんでしたけど、おじいちゃん、おばあちゃんが作ってくれる食事がすごくよくて、僕らを育ててくれました。
二宮 今井さんは甲子園のご経験は?
今井 残念ながら行けなかったです。中九州大会で大分の佐伯鶴城高に負けました。でもその当時、九州で鎮西は3敗ぐらいしかしていません。
二宮 確か巨人の末次利光さんも鎮西ですよね。
今井 そうです。末次さんは大学も同じ中央大学で、大先輩でした。当時は中央大学のグラウンドが吉祥寺にあって末次さんの家が近かったので、僕と小川淳司はティーを習っていいと当時の宮井(勝成)監督に言われて一緒に行きましたよ。
二宮 この頃、中央大学は多くの選手をプロに送り出しました。
今井 僕らの頃だと高木豊(大洋・横浜→日本ハム)が後輩ですし、小川淳司もそうですし、巨人に行った香坂英典とか。最近だとDeNAの牧秀悟ですね。彼は出世頭ですけど、その前に阿部慎之助(巨人)がいます。お父さんが一つ先輩で懇意にさせてもらっていたので、村上がドラフトにかかった時、慎之助のトロフィーなんかの写真を撮って、ムネに送ってやったんですよ。

二宮　今井さんの頃、東都で強かったのが駒澤大学です。

今井　駒澤には同級生の石毛宏典（西武→福岡ダイエー）がいましたからね。同じ駒澤の中畑清さん（巨人）は僕が1年生のときの4年生で3年生が森繁和さん（西武）。

二宮　豪華な顔ぶれが揃った時代ですね。プロに行きたいというお気持ちは？

今井　ありました。だから大学4年生の年に宮井監督に「プロに行きたいです」と直訴したんです。そうしたら、うちの親父がカープの宮川（孝雄）スカウトと知り合いで、カープがテストをやってくれるから行って来いと。プロはまだシーズン中でしたし、日曜日に広島でテストを行うというので、僕だけ特別にテストしてくれるんだと思って新幹線に飛び乗ったんですよ。ちょうど大学の秋のシーズンが始まる前でした。で、行ったらびっくりですよ。100人ぐらい集まっての公式なテストだったんです。

二宮　市民球場で入団テストですか？

今井　そうです、市民球場。テストは遠投から始まって、その遠投でピューっとレフトスタンドの中段ぐらいまで届いた。そこで報道陣がちょっとザワッとなったんですが、それから50m走をやったら5秒6で走ったんです。その時点で宮川さんの他に古葉（竹識）監

ヤクルトの新入団選手発表会見での村上宗隆選手と監督（現GM）の小川淳司氏（2017年12月）／写真提供：共同通信社

督まで来て「うちが責任持って獲るから、どこへも行くなよ」と。そこまではよかったんですが……。

宮川さんもスカウトになられたばかりの年で、アマチュアの規定をよく知らなかったんでしょうね。毎日のように来て「どこからか（誘いが）来ていないよね」と聞かれ、バットをプレゼントしてもらったり食事に連れて行ってもらったりしていました。それが新聞の1面に出てしまったんです。某大学のレギュラー選手が……と。

二宮　それはアマチュア規定に引っ掛かりますね。

今井　宮井監督がその記事を見て「バカなやつがいるな。これがうちの学生だったらすぐに2部降格だな」と。だからもう正直に言うしかないと思い、監督に「すみません、あれは僕です」と名乗り出たんです。そうしたら「お前、なんてことしたんや」と、即刻レギュラーから外され、「名前が出たらもうプロは行けないから、社会人に行きなさい」と。でも僕は、「プロへ行けないなら実家を継ぎます。社会人に行くぐらいなら野球をやめます」と言ったんです。すると、今度は広島側がとにかく辛抱しなさいと。最終的には広島側が全部抑えてくれて、何とかプロ入りできたんですが……。

二宮　それでは4年生の秋は全く試合に出られなかったわけですね。

今井　出たら大変なことになりますから。当時の僕は今思えば愚かですが、それが悪いことだとかよくわからなかったというのが正直なところでしたね。

二宮　今井さんほどの選手が、よくドラフト外で獲れたなって不思議に思っていました。

今井　結果的に僕は、あれでカープに拾ってもらったわけです。

古葉監督率いる黄金時代のカープへ

二宮　今井さんのプロ1、2年目の79年、80年とカープは日本一になるわけですね。

今井　連続で日本一になったんです。

二宮　主力は山本浩二さん、衣笠祥雄さん。そして、若手の高橋慶彦さん。抑えには南海から移籍してきた江夏豊さんがいました。

今井　それはもうヤバかったです。江夏さん、浩二さん、キヌさんと天皇陛下が3人いるようなものですから。

二宮　バイプレーヤーとして水谷（実雄）さんや三村（敏之）さんもいましたしね。

今井　本当にあのメンバーの中で、野球がやれたというのは一生の財産ですよ。僕はベンチで山本浩二さんのいつも隣にいて、衣笠さんにも可愛がってもらいました。

二宮　古葉さんは熊本の先輩になりますね。厳しかったですか?

今井　それはもう。でも不思議な縁がありまして、古葉さんが監督をされた東京国際大学にうちの息子たちが3人とも行ったんです。僕の仲人が古葉さんなんですが、うちの次男も古葉さんが仲人なんですよ。だからコロナ禍の時も、よく熊本に来られて、カラオケに行っていました。

二宮　現役時代の今井さんは足のスペシャリストというイメージがありました。「お前は足で生きろ」と古葉さんから言われたんですか？

今井　そうですね。高橋慶彦が大きなケガをした時はオープン戦から1番で使ってもらってそれなりの結果を残し、そのままシーズンでも使ってもらえるかなと思った時はありました。でも、慶彦が戻ってきたらまた元通りという感じでしたね。

代走拒否、骨折出場の鉄人・衣笠

二宮　あの当時は、足を使って1点を取るのが古葉野球でした。

今井　ピッチャーがよかったから、とにかく1点を取りにいく細かい野球を徹底的に言われました。僕が初めて盗塁を記録した年（83年）のことですが、中日戦で小松辰雄に抑えられていた終盤、確か9回ノーアウトランナー一塁で、「お前、代走行け！」と言われたのが最初です。で、1球目から盗塁のサインが出た。思わず「嘘やろ?」と思いました。だって走ってアウトになったら終わりじゃないですか。

バッターの長嶋清幸は盗塁のサインが出ていたので、1球目、2球目とストライクを見逃した。でも僕は走らない。古葉さんを見ると「何で行かんのや!」とイライラしているわけですよ。でももう牽制でアウトになってもしょうがないと腹を決めましたね。1、2の3で走ってセーフでした。その後は長嶋がセカンドゴロを打って、最終的に長内(孝)がサヨナラホームランを打つんですけど。

二宮　それが初盗塁ですか?

今井　初ではなかったと思うんですけど、大事な場面でしたし、実質的なデビューの年でインパクトとしてはそれが一番ですね。あの頃、僕が代走に出るランナーはほとんど浩二さんかキヌさんだったんです。ただ一度、僕が出て行こうとしたら衣さんからストップがかかったことがありました。後で聞いたら、今日は走ってみたかったと。それまで我慢していたんでしょうね。

二宮　でも阿南(準郎)監督は、今井さんに行けと言っているわけでしょう。

今井　そうですよ。監督が行けと言ってるのにキヌさんから制止されたんです。そのシーン、NHKの番組でやったと思いますよ。

二宮　衣笠さんクラスになると選手に権限がある？

今井　そうですね。あの当時、カープはすごく強くて、出来上がっているチームじゃないですか。山本浩二さん、衣笠さん、江夏さんがいて、先発ピッチャーも充実していましたし。

二宮　北別府（学）さん、大野（豊）さん、川口（和久）さん、山根（和夫）さん……。

今井　北別府、あのスピードじゃ普通は抑えられないです。あれだけコントロールのいい投手はいなかったです。

二宮　あの当時のカープは主役と脇役の役割分担が明確でした。主役は試合に出続け、脇役は持ち場持ち場で自分の仕事をする。

今井　キヌさんなんか、骨折しているのに痛いとも言わずに試合に出ましたからね。

二宮　巨人の西本（聖）投手の球が当たって骨折して、翌日、包帯でぐるぐる巻きにして代打で出た。それで江川投手からフルスイングで空振り3つしてベンチに帰った。さすが鉄人です。

今井　そういう人たちを見ていたから、僕も骨折は経験しましたけど痛いなんて言えないし、ボルタレン（鎮痛剤）を飲んで試合に出ても、「絶対に痛い格好するなよ」というのが古葉さんの教えでした。

二宮　古葉さんは、高橋慶彦、山崎隆造、正田耕三と足の速い打者を続々にスイッチヒッターに変えていきました。今井さんにスイッチ転向の話は？

今井　当時のチームシステムとして大事な場面で走れる人が一人いて欲しいというのが、古葉さんの中であったんじゃないですかね。僕は、個人的にはティーを左で打ったりしていましたし、もちろんレギュラーになりたい気持ちもあったんですけど……。

二宮　あれだけの足がある今井さんがスイッチをやっていたら、3割ぐらい打てたんじゃないかと思います。

今井　僕が大学に行っている4年間に、高校から先にカープに来た慶彦が買われて、完全にレギュラーを掴んでいた。それとカープが一番強い時代だったから、各ポジションに隙間があまりなかったというのはあると思います。だから、いくら自分では結果を出したつもりでもピッチャーが足りないからと二軍に落とされたりしたこともありました。

盗塁の極意

二宮　でも84年は15盗塁、86年は17盗塁。代走としては大変な記録です。

今井　代走は、1点差とか同点とか大事な場面でしか出ないわけで、プレッシャーは並大抵のものじゃなかったです。失敗したらゲームが終わってしまうという場面も何回かありました。

二宮 代走は成功して当たり前。失敗すると〝戦犯〟扱いです。

今井 「オマエはピッチドアウトされてもセーフになれる」と監督からは言われました。実際、若菜（嘉晴）さんに外されてセーフになったこともあります。

二宮 若菜さん、強肩でしたけどね。座ったままの姿勢で凄いボールを投げていました。盗塁で一番大事なことは何ですか？

今井 やっぱり勇気を持って行くということでしょうね。変な駆け引きを考えていたら、競った場面で出て行けません。「絶対に走るんだ」と、これしかないです。だから、スタートを切るのはほとんどが1、2球目。警戒されようが何だろうがモーションを盗んで走りました。

二宮 イチローさんが朝日新聞（2022年12月8日付）のインタビューで「リードを取りすぎないほうが成功率が上がる。（リードをとりすぎなければいつでも戻れるから）行く意識と戻る意識は10対0でいい」と話しています。

今井 それで成功率がいいのも確かに素晴らしいことです。ただ、レギュラーで何回もチャンスがある人の考え方かなとも思いました。僕らが出るのは絶対に決めなきゃいけない場面。そこで要求されるのは、もちろん盗塁を成功させることですが、それと同時に若いカウントで走らないと、バッターが打てないということです。

二宮 カウントが追い込まれれば追い込まれるほど、バッターが打つチャンスが減っていきます。

今井 一度、高橋慶彦がバッターで、僕が代走に出た試合があったんですよ。その時、初対面の外国人の右ピッチャーで情報がないから2ストライクまで走れなかった。そうしたら「あれぐらいのピッチャーだったら走ってよ。初球からでもいけるでしょ」と慶彦に言われた。早めに盗塁してくれたら、その後打つもよし、進塁打を狙うもよしと、選択肢が広がるということです。それがすごく頭の中に残りました。

二宮 それは古葉監督の教えでしょうね。

今井 とにかく走って成功して1点取ってこいと。代走は一発勝負じゃないですか。古葉さんに言われたのは、「ワンツー（2ボール、1ストライク）で走るのは盗塁じゃないよ。バッター有利のカウントで走るのは、バッターは打つんだからランエンドヒット。そういうのは求めてない。俺はオマエが1、2球目で成功させることを求めているんだ」と。

二宮 若いカウントで行かなかったら意味がないと。

今井 それとどんな場合でもアウトになってはダメだと。ある試合で代走に出た時、ピッチャーライナーが飛んできて、帰塁できなくてアウトになったことがあったんです。その時は「オマエは、たとえピッチャーライナーでもアウトになっちゃいけないんだ」とメチャクチャ怒られました。「今のは無理ですよ」と言おうものなら「何のために出してるんだ。無理じゃない。（一塁へ）帰れ！」とくるわけです。

日本シリーズ第8戦の記憶

二宮　個人的にどうしてもお伺いしたいことがあります。86年の西武との日本シリーズでのことですが……。

今井　ああ、第8戦のアウトになったあれですね。

二宮　最初が引き分け、その後広島が3つとって、西武に3つ取り返された。

今井　8戦目が最終戦でした。

二宮　3対2で西武が1点リードして、8回無死で今井さんが達川さんの代走で一塁に立ち、犠打で二塁に進んだ。次の高橋慶彦さんの四球で一死一、二塁でしたよね。

今井　そう、ピッチャーが左の工藤（公康）だったので、僕は三盗を狙っていたんですよ。その時、ショートの石毛がすっと近づいてきて言ったんです。「お前、まさかこんなところで走らんよなぁ」って。それで「いかん。ひょっとしたら牽制がくる可能性がある」と思って走れなかった。で、バッター山崎隆造の打球はショートの頭の上を越すライナー性の当たり。絶対にヒットだと思ってね。その時のセンターは中央大学の先輩の岡村(隆則)さんでしたけど、そんなに前に守っていないのを僕は確認していましたから。それが、僕が背を向けた隙に前にきていたんですね。後で「なんであの打球を捕れたんですか?」と岡村さんに聞いたら、ベンチの指示だと。西武の野球はしっかりしていました。

二宮 紙一重でしたけどね。

今井 そこですよ。だから僕はもうサードベースまで行っていて、三塁ベースコーチの三村さんは唖然としていましたよね。そこでゲッツーになって最終的に3対2で負けてしまうんですね。あれが山本浩二さんの最後のゲームでしたから、俺がアウトになってしまったせいだと、大泣きしましたよ。

二宮 石毛さんの一言といい、西武は大人の野球をしていましたね。

今井 ああやって言われたら、ちょっと待てよとなるじゃないですか。ピックオフプレーなんかやってくるんじゃないかとか、つい考えてしまって三盗ができなかった。サードに行っていたら間違いなく1点取れていましたから。

二宮 結局、カープは日本シリーズで西武と2回戦い、2回とも星一つの差で敗れました。

野球塾のジレンマ

二宮　再び村上選手に話を戻しますが、彼が中学時代に入っていた熊本東リトルシニアと今井さんの野球塾では連携がとれているわけですね。

今井　うちはチームではないですから、東シニアの選手を何人も預かっています。平日はうちに来ながら、土日は向こうの練習に行くというのが通常ですね。夜の6時から8時半までが小学生で、8時半から10時半ぐらいまでが中学生です。火曜日が高校生対応コースで、これは6時から2時間半なんですが、親御さんも長くやってほしいということで、だいたい延長になります。それと土曜日が4時から2時間半と7時からの2時間半。強いチームのボーイズとかシニア、軟式野球の子たちも来ていますよ。

二宮　高校生の指導は？

今井　高校生は見られません。学校長や監督から依頼があって、日本野球連盟に報告すれば別ですけど。これは何とかしてもらいたいのですが、イチロー君にしても、あれだけの実績がある人がいろんな高校で野球を教えたいという意欲を持っている。絶対にいい話を聞けるのに、それが自由にできないのが現状ですから。

二宮　だいぶ緩和されてきましたが、まだ越えなければならないハードルがあるということですね。

今井　現実問題として、野球をしたくてもお金の問題があって学校に行けない、でも能力がある子には、やっぱり手を差し伸べてあげたい。それができるのがうちの特権ですから。勉強も野球も両立できる子は少ないですすと、僕は高校側に話すんですよね。もちろん勉強も大事だけど、野球に長けている子がいれば、ある程度枠を作ってあげて欲しいと。最近もあったんですよ。ある高校の監督がその子を欲しくて、その子も行きたいと相思相愛だったんです。でも点数が足りないから諦めてくれと。可哀想でしたね。

二宮　イメージの問題もあって、どこの学校も〝文武両道〟を校是にしていますが、一つぐらいは〝文武平等〟を唱える学校があってもいいと思います。多様性の時代ですから……。

今井　そう思います。その辺の意識がだんだん変わっていくといいのですが……。

鹿取義隆の証言――中学時代から目立ったしなやかさと力強さ

2021年9月21日、東京ヤクルトは横浜DeNA戦に勝利し、首位・阪神を1・5ゲーム差で追いかけていた。2年連続最下位からV字回復を見せ、優勝争いに絡むチームの4番に座っているのは、プロ4年目の村上宗隆選手だった。

この試合、初回から村上選手のバットが火を噴いた。ヤクルトは先頭の塩見泰隆選手の内野安打を皮切りに、青木宣親選手、山田哲人選手がヒットで続き、無死満塁。ここで打席に入った村上選手が相手の先発左腕・坂本裕哉投手の初球、高めのカーブを叩くと、打球は右翼スタンド上段へ飛び込んだ。

打たれた坂本投手は呆然と球の行方を見送るだけ。村上選手は悠然とベースを1周し、ヤクルトが4点を先制。早々にゲームの主導権を握り、5対2で快勝した。

村上選手はこれでシーズン36号。ホームランダービートップの巨人・岡本和真選手に1本差に迫った。打点も自身最多タイの96に伸ばし、リーグ2位。二冠王も射程内にとらえていた。

チームの顔として風格を増した村上選手、この2日前の広島戦（神宮）では、プロ通算

100号となるメモリアルアーチを放っていた。記念の一打は初回、1死走者なしの場面で飛び出した。2ボールからの3球目、広島の先発左腕・高橋昂也投手のカットボールを捉えた打球は、打った瞬間にそれとわかる一発。21歳7カ月での100本塁打達成は、1989年の清原和博さん（西武）の21歳9カ月を抜く、史上最年少記録だった。

試合は、その後も小刻みに加点したヤクルトが5対1で勝利。ヤクルトの若き4番は記念の100号について手短かにこう語った。

「今はタイトルや記録より優勝したい気持ちが強い。個人のことは気にしていません」

自身の記録を抜かれた清原さんは、村上選手にこうエールを送った。

「彼のことは2年目に神宮の室内練習場で見た時から良い打者になると思っていました。年々進化しているので、これから（同じ左打者である）松井（秀喜）君、王（貞治）さんの背中を追いかけ、記録にも記憶にも残るすばらしい打者になってほしい」

村上選手が「目標にすべき人」と常々口にする松井秀喜さんのコメントも紹介しておく。

「大谷翔平選手と一緒だと思いますよ。逆方向に大きいのが打てるし、技術もあるし、パワーもある」

村上選手は熊本・九州学院高時代は1年夏からレギュラーを務め、夏の甲子園では4番を打った。高校通算52本塁打を記録し、ついたニックネームは〝肥後のベーブ・ルース〟。

その村上選手の中学生時代、言うなればダイヤモンドの原石時代を知るのが、元U15監督の鹿取義隆さんだ。

鹿取さんは14年夏、15歳以下の野球日本代表（U15）を率い、メキシコで行われた第2回IBAF 15Uワールドカップに出場した。大会の2カ月前、九州地区で行われた代表選手セレクションに村上選手の姿があった。

鹿取さんはこう振り返る。

「セレクションを受けに来た中学生のときからスイングの良さは際立っていましたよ。下半身をつかい、しなやかに振る。そして力強い。九州地区のセレクションには今、福岡ソフトバンクにいる増田珠なども来ていましたが、村上はその中でも目立っていましたね」

だが、この大会の代表に村上選手は選ばれなかった。なぜか？

「U15の枠は全国で20人。各地区から何人という枠があり、ポジションの関係で、村上は漏れちゃったんですよ。バッティングだけなら全国でも一、二だったので、（選考漏れは）残念でしたね」

村上選手は高校時代から練習前にはジムに通い、ベンチプレスやデッドリフトなどのウエイトトレーニングに取り組んだ。その効果もあり、高校3年時には身長186cm、体重96kgの偉丈夫に成長していた。下半身強化のためのサーキットトレーニングにも熱心に取り組んでいたという。しなやかで力強いスイングは下半身主導の賜物と言っていいだろう。

そういえば以前、在京球団で数年前まで打撃コーチを務めていた元スラッガーから、こんな話を聞いた。

「同期は清宮幸太郎（早実→北海道日本ハム）、安田尚憲（履正社→千葉ロッテ）。入団した時の評価は彼らのほうが高かったよな。村上にあって彼らに足りないもの。それは下半身の強靭さ。スイングする時、村上は深く沈み込める。つまり下から上への動きだけど、清宮と安田は上半身から始動するんだよね。これは素材の差というより、鍛え方の差だと思う。ヤクルトは向こう10年間、4番に困ることはないね。メジャーリーグに行かない限りは……」

それにしてもヤクルトは、山田哲人選手といい村上選手といい、〝残り物に福〟ならぬ〝ハズレ1位に福〟がある。

得津高宏の予言――3年目の村上を見て「三冠王も狙える」

2020年、プロ入り3年目、20歳のシーズンを迎えた村上宗隆選手の打席からは早くも主砲の風格がにじみ出ていた。8月5日の時点で打率3割2分6厘（6位）、6本塁打（13位タイ）、38打点（2位）。36本塁打、96打点を記録した前年（19年）に比べ本塁打と打点の数が控えめなのは、コロナ禍で開幕が6月19日と3カ月近く延期された影響だ。

それでも最終的に村上選手は、3割7厘（5位）、28本塁打（2位）、86打点（2位）の成績でこのシーズンを終えた。今にして思えば、2年目の課題だった確実性（打率）も解決し、進化のスピードを増していた。

7月31日、ナゴヤドームでの中日戦で2ランを放った村上選手。7月の打点を31に伸ばした。ヤクルトで月間30打点以上を記録したのはウラディミール・バレンティン（35打点）、アレックス・ラミレス（33打点）、ジャック・ハウエル（32打点）、ロベルト・ペタジーニ（30打点）の4人だけ。高卒3年目で、強打の外国人選手に肩を並べた。

この数字には、二軍監督時代から村上選手を見てきた高津臣吾監督も目を丸くしてた。

「今のうちの打線はムネ（村上）中心で回っている。坂口（智隆）が出て、（山田）哲人やノリ（青木宣親）がつないで、ムネが中心でいるというのが、今のうちの打線の特徴。（ナゴヤドームのホームランは）すごい一発だったし、よく頑張っているよ」

村上選手は2017年のドラフトで清宮幸太郎選手（日本ハム）の〝外れ1位〟でヤクルトに入団した。ルーキーイヤーの18年9月16日、プロ入り初ホームランを記録した。広島の岡田明丈投手のひざ元のフォークをすくい上げる〝技あり〟の一撃だった。

ライトスタンドに飛び込むこのホームランを目のあたりにして、「こりゃ並の新人じゃないわ」と舌を巻いたのが、ロッテで打撃コーチを務めていた得津高宏さんだ。

「村上のことはキャンプのときから見ていましたが、そのときからタイミングの取り方がうまいな、と感心していました。柔らかい構えからボールを引きつけて打つ。それにリズム感の良さも感じられました。初ホームランも変化球に泳がされることなく、きれいに自分のポイントで捉えていましたね。新人離れしたバッティングでしたよ」

得津さんは「入った球団がよかった」と言い、こう続けた。

「ヤクルトのキャンプでベテランメニューを許されているのは坂口と青木くらい。実績のある山田もルーキーたちと同じメニューをこなしていました。これが村上には良かった。山田の練習を間近に見ることで、プロとしての心構えを学んだんだと思います。ティーバッティングだけで30分以上汗を流すなど、ものすごい練習量をこなしていましたから。村上のユニホームはいつも泥だらけ。才能もあったんでしょうが、山田譲りの練習が彼を4番打者にまで押し上げたことは間違いありません」

自身も現役時代は左の好打者として鳴らし、生涯で2割8分8厘の高打率を残している得津さんは、村上選手のバッティング技術をこう解説した。

「引っ張りだけでなく、逆方向のレフトにも飛ばせるのが最大の強み。引っ張り専門だとホームランは30本、40本と打てても、打率は2割3分から5分が関の山です。ホームランを打ち、打率も残すためには左右どちらにも飛ばせないといけない。そのコツはボールを引きつけて打つことなんですが、これが言うほど簡単じゃないんです」

しかし、それを村上選手はこともなくやってのけているのだ。

「ボールを引きつけて打つ。要するにバットのヘッドを遅らせるということです。それにはバットをムチのように使わないといけない。そうすることで逆方向にも強い打球が飛ばせるんです。今の若い選手でそれができているのは左なら村上、右打者では巨人の岡本和真ですね。できれば村上と岡本でホームラン王を争ってほしい。あの2人ならキングだけじゃなく三冠王も狙えます。加えてオリンピックの日本代表のサード争いも楽しみになってきましたね」

国際試合の多くで、日本の選手たちは海外のピッチャーの、いわゆる〝動くボール〟に苦しめられてきた。これに対応するには、ポイントを後ろに置き、90度を広く使ったバッティングを心がけるしかない。しかし、言うは易く行うは難し、である。

2022年、「三冠王も狙える」と語った得津さんの言葉どおり、村上選手は史上最年少で3つのタイトルを獲得した。村上選手の最大の長所とも言える広角にホームランを打ち分ける技術は、どのようにして育まれたものなのだろうか。

第2章　怪物の片鱗を見せ始めた中学生時代

——熊本東リトルシニア監督・吉本幸夫さんに聞く

小学生時代に元広島カープの今井譲二さんが運営する野球塾に通った村上宗隆少年は、小学校の卒業が近づいた頃、熊本東リトルシニアという中学生の硬式野球チームに入団する。そこで3年間、村上選手を指導したのが同チームの監督を務める吉本幸夫さんである。

現在の堂々たる体格にはほど遠く、まだヒョロヒョロしていた村上選手に、吉本さんはどんな指導を行ったのか。ちなみに吉本さんは99年に九州学院高からドラフト1位でホークスに入団し、現在は福岡ソフトバンク一軍打撃コーチを務める吉本亮さんの父親である。

江川から打ったセンター前ヒット

二宮　吉本さんの出身高校は熊本工業高校ですね。

吉本　熊工です。甲子園には出ていないんですが、ちょうど私は江川と同期なんです。3年生の時（1973年）、作新学院の江川が招待試合で熊本まで来てくれて、私は1番を打っていたんですが、初球をセンター前にヒットを打ったんですよ。もうそれだけが自慢です（笑）。

二宮　3年生の何月ですか？

吉本　夏の全国大会前の6月です。

二宮　そうすると、江川さんがセンバツで60三振（4試合）の新記録を作った後ですか。センバツ以降、招待試合の依頼が殺到して全国行脚をしていたと江川さんから聞いたことがあります。

吉本　そうだと思います。江川が先発してくれて、1番打者の私に投げた初球をカーンと打ったんですよ。江川とはあと1打席だったたと思います。途中からアンダースローの大橋（康延）君が投げて、右中間に3塁打か何か打った記憶があります。

二宮　江川さんについては、高校2年のほうが速かったというのが定説になっていますが、あの頃も速かったでしょう。

吉本　速かったですね。対戦前から速いボールを打つ練習を一生懸命していて、初球は絶対に真っすぐが来るというので、1、2の3で真ん中高めを振ったら、そのままセンターに飛んでいったんですよ。

二宮　それは江川さんも驚いたでしょう。何しろ当時は、江川さんのボールをファールにしただけでスタンドから歓声が上がっていましたから。

吉本　そうでしょうね。熊工戦では途中でマウンドを降りましたが、その後の八代東高戦は22奪三振でしたから。

二宮　怪物からのヒットは一生の宝物でしょうね。

吉本　ずっと人生の宝物ですね。

二宮　熊本工高と言えば、県下きっての野球の名門です。

吉本　そうなんですが私たちは甲子園に行けなくて、２つ下の後輩たちがセンバツ大会に久しぶりに行きました。僕らの頃が一番低迷した時期だったんじゃないですかね。

兄の影響でリトルシニア入り

二宮　さて、リトル時代の村上選手の話を聞かせていただきたいのですが、熊本東リトルシニアができたのはいつですか？

吉本　東リトルは今年（２０２２年）の入団が36期なので36年になります。私がやり始めてからは31年ぐらいですね。

二宮　立ち上げた方は別にいたんですか？

吉本　東リトルをつくった方は当時の電電東京野球部（現ＮＴＴ東日本野球部）の方ですが1年で辞められて、電電九州硬式野球部でやっていた人が2代目の監督をやられ、私が3代目で、それからずっと長くやらせてもらっていますね。

二宮　リトルシニアは硬球ですよね。当時、熊本で硬球の少年野球チームは他にもあったんですか？

吉本　中学硬式野球のチームは他にもありましたね。うちが3団目か4団目ぐらいになるんだろうと思います。

二宮　リトルシニアの選手の年齢幅は？

吉本　正式に言うと、リトルは12歳の9月までで、その上の年齢の中学生がリトルシニアになるんですが、うちは下にリトルチームを持っていませんから、小学6年生も認めているんですよね。

二宮　リトルがあってその上がリトルシニアということですね。

吉本　そうです。本来リトルでやっている子は、中学1年生、12歳の9月頃、リトルシニアに編入されます。アメリカの学年に合わせて9月なんだろうと思います。ただ、うちはリトルがないので、そういう区分は関係なく、6年生の秋ぐらいから入ってくる子もいます。

二宮　だいたい中学の3年間ぐらいということですね。

吉本　そうですね。ちょうど3年間。村上の場合は、2つ上の兄貴がリトルシニアにいましたから、6年生の11月ぐらいから入ってきましたけどね。

二宮　村上選手はお父さんも高校球児でした。

吉本　お父さんは、高校の時に肩を壊して途中でやめたということです。

二宮　そうすると、お父さんは自分が果たせなかった夢というか、子どもをプロ野球選手にしたいという夢を持っていたんでしょうか。

吉本　やっぱり子どものことには一生懸命でした。礼儀からして、お父さん、お母さんにしっかり躾けられていましたから。お父さん（村上公弥さん）には、うちの副会長として残ってやってもらっています。

二宮　なるほど。村上選手のお兄さんは、東海大から社会人のチームに行って22年で現役は引退されると聞きましたが、お兄さんもかなりの選手でしたよね。ピッチャーとして将来を嘱望されました。

吉本　やっぱりすごかったですね。リトルシニアの頃にもう190センチ近くあって、高校（東海大学付属熊本星翔高）の時は、147キロぐらい出していました。中学の時もボールはメチャクチャ速かったですね。

二宮　どんなタイプでしたか？

吉本　長身からスリークォーター気味に投げ下ろすんですけど、体が大きくてボールが速いですから、怖いぐらいでした。そのかわり、コントロールが投げさせてみないとわからない、という感じでしたが、いい時はみんな打てませんでした。まあ、速いと言っても1

47キロは高校の時で、中学の時は130キロ付近ですけど、リトルシニアの基準だと速いピッチャーになりますね。

二宮　九州学院の坂井監督に聞くと、3人兄弟で一番ちっちゃいのが、今をときめく村上選手だったと。

吉本　そう、一番ちっちゃい。一番上が今、194ぐらいで、一番下の慶太が191とか言っていますから。

二宮　お父さんが大きいんですか？

吉本　180㎝ぐらいだと思うんですが、またお母さんが大きいんですよ。バレーボールをやられていたお母さんですね。

二宮　170㎝は超えていると思うんですね。

吉本　息子さんが3人とも大きいのは遺伝子でしょうか。

二宮　それは間違いなく。野球をやらせるには、奥さんに大きい人をもらったほうが絶対いいなと、村上家を見て思いましたね（笑）。しかもお母さん、優しいんですよ。お父さんがある程度厳しくて、お母さんが優しい。本当にいい両親の下で育ったなと思いますね。

吉本　お兄さんが吉本さんのリトルシニアでプレーしていた影響で、弟の村上選手も入ってきたということですよね。

吉本　最初はお兄ちゃんがうちに〝体験〟で来て、気に入ってうちでやるようになった。ムネは小学5年生ぐらいから見に来ていたというか、その辺でうろうろしていたんですよ。その頃、同じぐらいの女の子と仲良くなって「オマエ、大きくなったら結婚せえ」とか言って遊ばせていましたから（笑）。

二宮　22年夏の甲子園に出場した三男の慶太選手も吉本さんのリトル出身ですよね。甲子園でも活躍しました。

吉本　中学時代の飛距離だと、確率は低かったですけど、本当に当たれば慶太のほうが飛ばしていました。ただ、野球に対する取り組み方はムネのほうが少し貪欲だった感じはありましたね。

目立たなかったリトルシニアの2年間

二宮　さて、次男の村上選手が入ってきたときの印象は？　最初から他の子とは違っていましたか？

吉本　それが、そうでもないんですね。元気はよかったけど、普通の学童野球の子という感じです。

二宮 最初はヒョロヒョロだったと？

吉本 まだそんなに大きくなくて、少し大きいぐらいの選手でした。動画も残っていますけど、もう今と比べたら全然ヒョロヒョロで、ちょっと背が大きいぐらいの子でした。野球の能力も学童レベルで言えばうまいほうだったとは思うんですけど、メチャクチャうまいとは思わなかったですね。

二宮 その頃のポジションは？

吉本 内野をしていましたね。ムネのことは小学5年生の頃から知っているんですよ。お兄ちゃんが中学1年から入ってきたので、その頃から見ていましたけど、とにかく元気がよかった。

二宮 球場がちょっと狭かったと？

吉本 ライトが狭かったんですよ。

二宮 打球がライト側にある家の屋根に当たった映像がよく流れていました。

吉本 それは中学3年になってからのことですね。ムネが2年生の時に私が指導している動画が出ていて、バッティング指導をするのに動画を見せてやろうと思ってたまたま撮っていたものなんです。それを見ても、その頃のスイングスピードがそんなに速いとは感じないと思います。中学2年生の頃は遠くに飛ばすというより、外野の間に打つぐらいの感じでした。

二宮　ということは、中3から化けたと。

吉本　化けたのは、ムネたちの年代のチームになった2年生の秋からなんですけど、ただ春の選抜大会につながる秋の大会では結果が出なかった。3試合ぐらい勝ち上がっていったと思うんですけど、ムネはヒット1本しか打っていないはずです。

二宮　それはリトルシニアの何という大会ですか？

吉本　九州のリトルシニアで会長をされていた稲尾和久さんが亡くなられた後のメモリアル大会です。今は稲尾杯（稲尾和久メモリアル秋季大会）と言います。熊本で7チーム、福岡で9チームとかいう形で集まって、九州全体で当時だと31チームぐらいで九州リトルシニアの大会をやるんです。稲尾さんの生まれ故郷の別府市民球場を拠点としてやっていたんですね。その大会でムネはヒット1本しか打っていないんですよ。

二宮　稲尾杯には九州地区のリトルシニアが全部出るんですか。

吉本　出ますね。福岡、佐賀、大分、長崎、熊本、宮崎。鹿児島は当時、神村学園が1つありました。沖縄にはないので、九州各地からドンと集まって、そこで勝ち上がったチームが、大阪でやる春の選抜大会に出られるんです。高校野球とまるっきり一緒ですよ。高校野球が甲子園でやっている時に、こちらは万博球場（万博記念公園野球場）なんかでやるんですよ。

台湾遠征から帰ってきた村上に変化が……

二宮　九州から選抜へは何チームぐらい？

吉本　3チーム、記念大会だったら4チームとか。

二宮　では、準決勝ぐらいまでいかないと出られない。

吉本　そうです。村上の時は3回戦で負けたんですが、その後、九州から18名ぐらいを選んで九州選抜チームとして台湾に行くんですよ。うちからは村上を推薦していたんですけど、打てていなかったのでどうかなという感じでした。で、話が来たとき「絶対彼は連れていったほうがいいですよ。元気がいいですから」と選抜チームの監督さんにお願いをしたもんです。

二宮　九州のいい選手を集めて、選抜チームを作って台湾に遠征すると。

吉本　それに村上を出したんです。その時、長崎リトルシニアから今、ソフトバンクにいる増田（珠）君という横浜高校で活躍した選手、それから熊本北リトルシニアから西浦（颯大）君というオリックスに行った選手がいました。西浦君はプロに入ってから難病にかかって引退してしまいましたが熊本の子で、村上とは中学校の頃からメチャクチャ仲がいいんですよ。村上はこの二人にすごく刺激を受けたと思いますね。当時はレベル的に西浦、増田のほうが上と評価されていて、打順も1番西浦、3番村上、4番増田という感じでした。

二宮　その頃の村上選手のポジションは？

吉本　その時は、もうキャッチャーをやらせていました。村上たちが3年生になる時の新チームで、村上をキャッチャーに持っていきました。

二宮　台湾遠征で何か彼に変化はありましたか？

吉本　台湾から帰ってきて自信がついた感じがしましたね。どんな活躍をしたのか詳しくはわからないですけど、いい成績を残して帰ってきたんだろうと思います。

二宮　台湾のリトルリーグはかなり強いと聞いています。そこで結果を出したら自信になりますね。

吉本　間違いなく成長しましたね。そこから一冬越す間に体もどんどん大きくなっていったんですが、そうなっていよいよ飛ばすようになってきました。中3の春にはかなり飛ばすようになって、次第にライト側の狭いところのネットを越えるようになった。ライトが狭いと言っても85mぐらいはあったと思いますし、フェンスの高さだって10mぐらいはありましたから。

二宮 10mのフェンスは簡単には越えられませんよね。

吉本 普通は簡単には越えないと思うんですが、それも越えて、民家の農家さんの屋根によく当たって破ってしまっていたんですよ。もちろん飛ばすな、とは言えませんから、屋根のスレートの替えをいつも準備しておき、破れたら保護者の人がバーっと謝りに行って取り替えていました。

二宮 吉本さんも謝りに行ったり、大変でしたか。

吉本 もうしょっちゅう謝りに。でも幸い、その家の方も理解のある方で、仲良くしていただいていましたから。

広角ホームランの原点

二宮 当時はやはり引っ張った打球が多かったのでしょうか？

吉本 そうです。引っ張りばかりです。

二宮 逆方向へも打てという指導は？

吉本 ライト方向の屋根を壊したりしていましたので、「みんな大変やけん、こう打て」

といった話はしました。後でムネに聞いたら、それは嫌だったと言っていましたけどね。まあでも当時から、右中間のほうにも強い打球は打っていましたね。レフト方向に打つなら三遊間をこちょこちょ抜くんじゃなく思い切って打て、レフト側に引っ張って強い打球を打つようなイメージで打て、という話はしましたね。

二宮　流すのではなく、逆方向にも引っ張れと。

吉本　そうです。引っ張るイメージで打ちなさいという話はしたと思います。

二宮　プロ野球のホームラン記録の頂点に立つ王貞治さんの868本でも、打球方向はほとんどライトなんですよね。それが村上選手はレフト、センター、ライトと見事に打ち分ける。広角ヒットなら張本勲さん、イチローさんなど何人かの選手の名前が思い浮かびます。しかし広角ホームランというのは、ちょっと記憶にない。

吉本　ホームランを広角に打ち分ける選手というのは……たぶん初めてですよね。

二宮　逆方向に引っ張る、強く打つ、飛ばす。そのために、どんなアドバイスをされたんでしょうか？

吉本　当時私がやらせたのは、体を開かないで、少し斜めにステップさせて、反対方向のケージのネットの角に打たせたり。体は開かずにステップだけ斜めに踏み出すんです。

二宮　斜めというのは？

吉本 足はオープンスタンス気味にして、ただし体は開かないようにしてネットの角に打つということですね。その際、バットを内側から出せと。それはよくやっていました。

二宮 左打者だと「右の肩を開かないように」とよく言われますよね。

吉本 そこはそうです。やはり右肩は開かないで、足を斜めにステップさせて、そのまま打たせる。要は後ろから見て背中は見えないように、ステップだけ少しオープンにして、そのまま逆方向に強い打球を打たせる。そういう練習はよくやりました。

二宮 よく言う「踏み込む」動作はしないわけですか。

吉本 クローズドスタンスのような格好で踏み込むのは、あまり僕は好きじゃないんですよ。というのは、人間の体というのは一つの動作に対して反対の動作をしたがるものなんです。つまり踏み込む動作が入ると、打つ時には逆に開いてしまう。逆に、少し開き気味に入っていくと、押し込むような感じで打てる。そういう指導をしています。

二宮 なるほど。村上選手を見ていると、その指導が実ってきたと感じますか。

吉本 どうですかね。まあ、そうなのかなと思ってはいますけど……。

二宮 左打者がレフトに大きな打球を打つこと自体が難しいのに、村上選手の打球はポールの左に切れません。

吉本 たぶん逆方向へ打つ意識ではなく、思い切って打ったのが少し遅れて当たると逆方向へ飛んでいるだけではないかと、そういう見方をしています。

二宮　村上選手がボールをとらえている写真を何枚か見ましたが、ボールとバットがくっついている時間が他のバッターよりもかなり長い。それだけ体の力をバットに伝えられているんだと思うんです。だから飛距離が稼げ、打球も切れない。打球をコントロールしていることの表れのように映ります。

吉本　巨人の大勢から打ったホームラン（22年の55号）なんかも全然切れずに遠いところまで飛んでいきましたもんね。

吉本亮との出会い

二宮　今思うと、中学生の頃からそういう片鱗はありましたか？

吉本　今残っている映像で確認すると、藤崎台球場（熊本市。現リブワーク藤崎台球場）の左中間、あと少しでフェン直というぐらいのところまでは運んでいましたね。

二宮　えっ？　それは中学生の時ですか？

吉本　そうですよ。中学3年生の時です。

二宮　それは驚きですね。あの広い藤崎台とは……。

吉本　広いです。大谷球場（北九州市）でも同じような当たりを打った映像が残っていますが、あれも3年生の終わり頃、最後の熊本の中学硬式野球大会かなんかですね。だから、今見ると、「あー、やっぱり飛んでいたんだよな」と思うんですが、その当時は、全然そんなふうに思ってはいなかったんですよ。

二宮　指導された選手の中でそこまで飛ばせる子は、他にはいなかったですか。

吉本　左ではいなかったでしょうね。

二宮　右だったら息子（吉本亮）さんぐらい。

吉本　はい。息子は飛んでいましたね。逆に、息子を基準に見ているから、中学生ですごいと思う子があまりいなかったんですね。

二宮　息子さんの亮さんは右バッター、村上選手は左バッター。以前、掛布（雅之）さんから「バッティングコーチは右と左、２人必要だ」という話を聞いたことがあります。左バッターにとっては入ってくるボールが右バッターにとっては逃げていくボールになる。感覚が全く違うんだと……。

吉本　それはありますね。ただ、息子の話が出たので言うと、ムネにとっては息子との出会いも大きかったんだろうと思います。中学時代の話ですが、村上が目立ってきた頃、息子がソフトバンクのスタッフとして九州に帰ってきていましたから、たまにうちのグラウンドに来て、中学生を指導してくれていたんですよ。それで村上を見て、やはりすごく気になる存在だったのか「筒の中をボールが来るので、それをそのまま打ち返すと飛んでいくよ」というような話をしていましたね。

二宮　筒の中？

吉本　筒があるだろうと。ボールはその中を通って来るんだから、そのまま打ち返せばいいというような指導をしていた。ボールを面で捉えるようなイメージなんですかね。そのとき打った打球がメチャクチャ飛んでいった。

二宮　それは独特の指導法ですね。

吉本　どうかわからないですが、僕は1番バッターでしたから、4番バッターのバッティングは僕らとは違うと思うんですよね。それから、時々村上と息子がいろんな話をしているのを見ていたんですが、今となれば、あれもよかったんだろうなと思いますね。高校に行ってホームランを60本打ったらドラフト1位になれるぞとか、そういう話もしていたみたいですね。そのままムネは息子と同じ九州学院高に進むんですが、1年生から試合に出るような形で行けと。その辺の心構えとか、いろいろ話をしてたんじゃないかなと思います。

二宮　高校で村上選手は52本のホームランを打ち、ドラフト1位でヤクルトに入ります。

熊本東リトルシニア卒団時の記念写真。吉本幸夫監督（後列右から2番目）と並ぶ村上宗隆選手（後列右から3番目）／写真提供：吉本幸夫氏

熊本東リトルシニアの募集紙

そこからの成長曲線は想像をはるかに超えていたのでは？

吉本　はい。正直言って、ここまでになるとは思っていなかったです。九州学院の坂井監督は「この子は何かタイトルを取るぐらいの選手になるんじゃないか」と言っていましたけど、僕はそこまでは想像していませんでした。

九州学院を勧めた理由

二宮　高校進学に際しては、いろいろ勧誘があったかと思うんですが、九州学院を吉本さんが勧めた理由は？

吉本　本人は県外志望だったんですよ。高校は県外に出たいと言っていたんですが、僕はやっぱり県内の野球をもっと強くしなきゃいかんという思いがありました。そうなるとやはり、うちの息子を育ててもらった坂井監督との信頼関係がありましたし。

二宮　なるほど。九州学院なら大きく育ててくれると。

吉本　はい。坂井監督なら大きく育ててくれるだろうと思っていました。坂井君にお聞きになったと思いますが、彼の野球に対する取り組み方は合理的です。上下関係もそうだし、練習が終わったらさっと帰らせます。うちの息子はキャプテンをやっていましたけど、キ

ャプテンにトイレ掃除をやらせたりと、しっかりした指導をしているなと思っていました
よ。

二宮　名門や強豪になればなるほど、昔のやり方を引きずりがちですが、九州学院は先へ進んでいたと？

吉本　そうです、坂井君がとても合理的にやっていたのを見ていましたから。それと、県外に行きたいという村上を説得できるのは、坂井君じゃないかという気がしていました。九州の中からもいろいろ話が来ていました。九州選抜の仲間と一緒にやるかとか、そういう話もあったんじゃないかと思います。

二宮　吉本さんからすれば、坂井監督の下でやったほうがいいと。

吉本　九州学院は、良ければ1年生からどんどん使うというのもあるし、3年生の大会が終わる8月以降、卒団してからをうまく伸ばしてくれるんですよ。僕はその半年間がすごく大事だというふうに思っていて、そこは坂井君も同じ。毎週、土日は練習に来て1、2年と同じように練習をやれと。

二宮　次のチームにスムーズに入っていけるようにするわけですね。

吉本　そうです。そこをどう過ごすかがかなり大事だと思うんです。その期間、ムネはみんなが休んでもずっと来ていましたね。本当に驚きました。一人で練習できるようなネッ

トがあって、そこである程度マシンを打ったら終わりというのが普通なんですが、ムネの場合、マシンにだんだんだんだん近づいていくんですよ。要は、近づけばそれだけ球速が増す。速い球を打つために距離をだんだん縮めていって、最後は通常の距離の3分の2ぐらいのところまで行く。ああ、やっぱりすごいヤツだなと思いましたね。誰もアドバイスはしていないんですけど、自分なりに考えて高みに向かっていこうという姿勢。それがあるから、時間もすごく大事にしているなと感じました。

二宮 そうした向上心も素質の一つなんでしょうね。

吉本 ムネに言っていたのは、九州学院へ行ったら1年の春から出るようじゃないと、ずっと出られんぞということ。そういう気持ちで練習にも取り組んでいたんだと思いますし、キャッチャーのムネがノックの中に入って送球練習をやるとか、積極的でしたね。ストップウォッチで二塁送球を測ってもらって、1・8秒以内に何とかせんとあかんというような話をしながらやっていました。

二宮 肩は元々強かったんですか？

吉本 肩は最初から強かったですね。

二宮 左打ちを教えたのはどなたでしょう？

吉本 リトルシニアでは最初から。たぶんお父さんですね。

二宮　ああ、お父さんですか。

吉本　お父さんに「なぜ左なんですか」と聞いたんですけど、「う～ん、何か自然と」みたいな言い方でしたけどね。

二宮　お兄さんも左？

吉本　いや、右打ちです。一番上の兄は右で弟のムネと慶太は左打ちですね。

二宮　さて東リトルシニアから九州学院に進んだ村上選手、吉本さんの言葉どおり、1年生から試合に出ました。

吉本　九州学院はムネが入学する直前の春の選抜大会に出場し、帰ってきてからムネたち新入生が加わったんですが、4月に行われる春の九州地区大会からもう出ていましたからね。最初の試合で確か2安打した。それを見て、そのまま使ってくれるかなと思っていたら夏の甲子園予選には4番で出て、1打席目に満塁ホームランでしょう。

二宮　藤崎台のセンターバックスクリーンに。ご覧になったんですか？

吉本　いや、僕は高校野球は見に行かないです。顔見知りの野球関係者がいっぱいいて、「どの応援に？」とか聞かれるのでちょっと面倒なので（笑）。

二宮　東リトルシニアでプレーした後、高校で野球を続ける選手がほとんどでしょうから、選手の進路相談も大変ですね。

吉本　基本的には本人の意思に任せています。ただ九州学院に行きたいとか、熊工に行きたいとかの意思を聞いて、我々が見てレベル的にここなら出られる、出られないという判断もあるので、そういうアドバイスはします。やっぱり出られたほうがいいですからね。

驚かされたプロ1年目のスイングスピード

二宮　村上選手のプロでの成長を目の当たりにしたのは？

吉本　驚いたのはプロ1年目の広島戦（18年9月16日・神宮）で、1打席目にホームランを打った打席です。追い込まれて打ったホームランもすごかったけど、最初に初球を振ったときのスイング。あれを見たときに、こいつすごいなと。スイングスピードが恐ろしく速くなっているなと、その時、すごく感じましたね。

1年目（18年）はそのスイングの印象が強くて、2年目（19年）はホームランを36本打ったけど三振もすごく多かった（184三振）。それが翌年（20年）になると三振がぐっと減りました（115三振）。低めのボール球に手を出してよく空振りしていたのが、我慢できるようになった。この進歩の早さはすごいと思いましたね。

二宮　その辺は王さんの歩みと似ていませんか。最初の頃はホームランも打つけど三振もすごく多かった。記録を見ると、王さんも40本塁打を打った5年目あたりから三振の数がかなり減っています。

吉本　そうかもしれません。村上の場合、低めをやたらに振らなくなって、落ちる球への対応ができるようになったんでしょうね。

二宮　王さんにホームランを打つ極意について聞くと、ストライクゾーンの四隅にくるような難しいボールは簡単には打てない。甘いボールをどれだけ確実に仕留められるかだと。そのためには選球眼が大事で、王さんは審判よりもストライク・ボールの見極めには自信を持っていたと語っていました。

吉本　村上も3年目からはボール球を振らなくなりましたもんね。それはすごい成長だなと思いましたね。

二宮　村上選手が振らないならボールという空気も出てきて、最近は審判も味方にしていますね。昔は〝王ボール〟〝長嶋ボール〟がありましたが……。

吉本　そのぐらいの選手になったということでしょうね。

村上がバットの先端をくりぬいた理由

二宮　2022年は、バットの芯を少しくり抜いて軽くしたみたいですね。リトルシニアの頃はどういうバットでしたか？

吉本　中学生硬式の認定を受けたものでないといけないので、普通の金属バットです。八百何十グラムのバットじゃないですか。

二宮　村上選手のバットは長距離打者が使う標準のバットと比べると少し短い（85㎝）。あれだと外角が届かないんじゃないかと思ったら、ピシャッともっていきますよね。

吉本　普通のホームランバッターはグリップの部分が細くて、ヘッドは太め、全体に長めで少し重いバットが多いと思います。でも2022年のムネのバットはグリップも太めで、ヘッドの太さはあるけどくり抜いているので軽くなっている感じでしたね。同じヤクルトの青木宣親選手のモデルに近いということですが、そういう中距離打者タイプのバットを使ってみたら、逆に自分に合ったということでしょうね。

二宮　昔のホームランバッターは重心が先のほうにある長くて重いバットを使っていましたが、これだけ〝動くボール〟が多くなると、簡単には対応できない。いいモノは取り入れる。村上選手は発想も柔軟なような気がします。

吉本　そのあたりは貪欲にやっている感じがしますよね。

二宮　坂井監督がおっしゃっていましたが、プロになって体が柔らかくなったと。元々はどうだったんでしょうか？

吉本　僕が見ていて思うのは、中学1年ぐらいの時は柔らかかったと思うんですね。ところが3年生になったぐらいの時はそうではなくなっていて「おまえ硬くなったやないか」というような話をした記憶があるんです。高校に行ってから、またどんどん柔らかくなったんだろうと思いますけど。ヤクルトへ行ってからも柔軟体操の動画を送ってくるんです。バットを振ったりするのは真似できないですけど、体を柔らかくするのはできるので、うちの選手といつまでにと約束して、今では胸が下につくようになっています。

二宮　ヨガでしたね。

吉本　そうですね。

強肩と元気の良さでセカンドからキャッチャーへ

二宮　村上選手から時々連絡は？

吉本　こちらから連絡はしませんけど向こうから連絡はあるし、ユニフォームを寄付してくれたりもしました。以前、息子に電話してわかったのは、プロ野球選手はすごく時間が不規則だということです。だから、電話に出たり折り返したりが面倒な時もあるだろうなと思い、最初から電話はしない、しなくてもいいんだろうと自制していたんですよ。逆に何かあれば、親父さん経由で言ってくるはずですから。

二宮　東リトルシニアからプロ野球選手が育ったのは、息子さんと村上選手と……。

吉本　プロ野球選手はその2人だけですね。プロ野球選手というのは、そうはなかなか出てきません。

二宮　2人ともドラフト1位。ドラ1と言えば期待も大きいし、ましてや高校からプロに行くとなると、ご苦労もおありでしょう。

吉本　村上の親父さんは私を見ていましたから、指名された後は、親としていろいろアドバイスを求めてきましたよ。期待の大きさもあるし、チャンスを本当に掴めるかどうかという不安もある。やっぱり親ですからね、そりゃ心配ですよ。

二宮　高校時代はキャッチャーでしょう。ヤクルトでは、打撃を生かすため最初から内野手でということだったようですが、一塁だとプロでは外国人との競争もあるし、プロを考えたらやっぱりキャッチャーがいいんじゃないか。そういう判断でキャッチャーをやらせたと聞きましたが……。

吉本　実は中学1年生の頃は、守備はセカンドで3番を打たせていたんですよ。入って来た時に、好きなところを守っていいよと言ったら、ショートを守っていましたから好きなポジションだったんでしょうね。

二宮　グラブさばきはどうでした？

吉本　グラブさばきという前に、そんなにいい動きはしていないなと。セカンドをやらせても、内野でうまいという印象はなかったですね。お兄ちゃんが投げた練習試合に出したら、エラーをして泣いていたのを覚えています。あれはまだ6年生の2月ぐらいでした。

二宮　キャッチャーをやるきっかけは？

吉本　キャッチャーがちょっと弱かった時に、村上がキャッチャーもやったことがあると聞いて「ムネ、ちょっとやってみい」と言ってやらせたら、肩が強かった。キャッチャーはそれからですね。

二宮　キャッチャーをやっていたのは小学校の頃ですか？

吉本　やっていたみたいですね。やらせてみたら肩は強いし、あの元気の良さですから。それでキャッチャーでキャプテンということになったら、ノックの時なんか「サード、前、出てこんかい！」とか、声は途切れなかったです。セカンドをやっていた時も、すぐにピッチャーのところに走って行って励ましたりとかをやっていたし、キャッチャーやらせてからは、たとえば、ピッチャーがフォアボール出して、ここはマウンドに行ったほうがいいなと僕らが思うと、ムネは言わなくてもタイムをかけて自分でピッチャーのところへ行って励ましたり、間を取ったりと、その辺は上手でしたね。

キャッチャー村上の適性

二宮　強肩ですから盗塁阻止率は高かったでしょうね。

吉本　結構いいボールを送って刺してましたね。

二宮　肩は鍛えて何とかなる分もあるけど、ある程度、先天的なものもあります。

吉本　そうですね。最初から肩が強かったのは印象にあるんですが、当時足が速かった印象はないんですよ。プロでの12盗塁（21、22年）もそうですし、1試合に二盗、三盗、ホームスチールと3つ決めたこともあったでしょう（20年11月5日・阪神戦）。相手が油断しているのかもしれませんけど（笑）。

二宮　通算117盗塁の野村克也さんは「わしが走ってくると思わんやろ」と言っていました。

吉本　坂井監督は「九学に来てから速くなったんです」と言っていましたけど、そうは言っても、そんなに速くはないと思うんです。体が大きいから速くは見えないというのもありますが。

二宮　自分がキャッチャーをやっていたから、ここはキャッチャーが投げてくるかこないかとか、そういう判断と駆け引きは上手なのかもしれないですね。

吉本　そうやって広い視野で見ることは、中学生の頃からできていたんだろうと思います。こういう時にピッチャーが何を投げるとかいつも観察して、そういうのはプラスになったんだろうと。九学に行って最初、坂井監督は村上をファーストで使ったんですけど、その頃から夏が終わったら村上をキャッチャーにする準備をしていた。やはりキャッチャーのほうが合っていると、坂井監督も思っていたようです。

二宮　そうみたいですね。いずれにしてもキャッチャーの経験が、彼の財産になっているわけですね。

吉本　私が思っていたのは、プロに行ったとき、内野手だったらサードかファーストだろうと。そうなった時、外国人の内野手が来て競争になった時にどうかという部分があった。だから我慢してキャッチャーをやっていたほうが活躍できるんじゃないかと、自分の中では思っていたんです。

二宮　外国人キャッチャーというのは、まずいませんからね。

吉本　そうなんですよ。でも、そこはやっぱり村上の打撃を生かすというヤクルトさんの見立てや指導はすごいなと。プロのコーチに感心しましたね。最初はサードでエラーも多かったですけど、最近はエラーもしなくなりましたからね。

二宮　最初は危なっかしい面もありましたが、慣れてきてサマになってきましたね。坂井監督はキャッチャーで城島健司さんみたいなイメージを思い描いていたようですね。

吉本　ソフトバンクの城島の活躍を見ていましたから、理想としてあったのはそのイメージでしょうね。

二宮　城島さんは佐世保出身で、高校は大分（別府大附属高、現明豊高）に行きましたよね。吉本さんは当時を知っているんじゃないですか？

吉本　いや、プロになってからしか見てないですけど、中学生の頃からすごかったみたいですね。

勝つための野球、伸ばすための野球

二宮　中学生年代というのは子どもによって成長の時期が異なりますから、将来、伸びるかどうかの見極めが難しいと思います。梅檀《せんだん》は双葉より芳し、と言いますが、伸びる子は中学生の頃からわかるものですか？

吉本　一番難しいのは、中学時代が体格の格差が一番大きい時期だということです。だから、まだ小さいけど俊敏性のある子がいると、早く大きくならんかなと。体が大きくて飛ばす中学生は結構いるんですけど、この子が大きくなったら楽しみだなという子は気になりますね。

二宮　中学の3年間で身長が160㎝から180㎝になる子と、160㎝のまま止まってしまう子がいますからね。

吉本　そうなんですね。中1で入ってきた時にいいボールを放るなという子がいても、体が大きくならないと、そのときは速くてもだんだん他の子が大きくなるに従い、追い抜かれてしまう。だから一番難しい時期だと思うんですよ。ある程度センスがある子でも、まだ体が小さい子に無理させたらいかん、同じ練習ができるようになるまでは……といつも考えているんですけどね。

二宮　試合で心掛けていることはありますか？

吉本　試合になれば基本的にはセオリー通りです。点差を考えたとき、送りバントすべきだと思ったらバントをさせますし、中心打者だから打たせたほうがチームのためになると思えば、その子には絶対打たせます。ただ、できるだけ打たせるとか、バントより盗塁を選ぶということはあります。足が速い子なら送るより走らせるということですね。あと、空振り三振はＯＫです。ゴロのアウトも三振も一緒だと思うので、ちゃんと振ってこいと。サインプレーもあまりやらないです。一応は教えるけど、それに時間を費やすということはないですね。

二宮　大人の野球で勝たせるのではなく、素材を伸ばすことを優先すると？

吉本　そうです。子どもたちには先がありますから、何とか素材を伸ばしてあげたい。体の小さな子に大きいのを打てと言っても無理だと思いますが、力いっぱい振ることはできる。それができるようになるように教えているつもりです。

二宮　坂井さんは「フライを打て」と指導をしている、とおっしゃっていました。勝とうと思ったら、ゴロを打ったほうが相手もエラーするかもしれないから転がせ、バントして相手のエラーを誘え、それが勝つ野球だという考えの学校が多い中、坂井さんの指導は新鮮でした。全然考え方が違うなと思いました。

吉本　たとえば、ツーボールとかワンスリーでバントの構えをするチームは、今でもたくさんありますけど、それは絶対ダメだと思います。そういうカウントは相手投手が絶対にストライクを取ってくるバッティングチャンスなんですから、それを振らないと。それと、一番私がダメだと思っているのは、初球は振らないという考え方。ファーストストライクを振らない子は嫌いで、絶対に初球から打っていけという考えなんです。だって、初球を打ったほうが打率は絶対に高くて、だんだん追い込まれると打率は下がってくる。それはバッターに迷いが出てくるからです。だから、初球から絶対に打っていくべきだと。

二宮 最初の話に戻りますが、吉本さんは江川さんの初球を叩いた。江川さんは高校時代に計12回のノーヒットノーランと完全試合をやっている、まさに怪物でしたから、ある意味、初球の真っすぐ以外はノーチャンス。ツーストライクからあのカーブが来たら、まずお手上げです。

吉本 絶対に打てませんよ。私が初球から打てというのは、初球はバッター有利だと思っているからです。だから特に悩んでいる子には、初球から打っていけと言う。ましてや相手が江川みたいな投手だったら、狙い球を絞ってもなかなか打てない。八代東がバントしようとしても当たらなかったぐらいですから。

二宮 高校野球は昼間に行われます。どんなに速いボールを投げるピッチャーも、夜、ナイトゲームで投げるプロのピッチャーに比べると遅く見えるものですが、江川さんだけは違っていました。むしろプロのピッチャーのほうが遅く感じられた。

吉本 江川にはツースリーから待てのサイン出したとか、そういう話が当時ありましたね。

私なんか、その江川からヒットを打ったというだけで就職できましたから（笑）。

二宮 それはもう一生の自慢だし、高校野球で江川さん以上のピッチャーはいないと、未だに私も思っています。

吉本 私も絶対、それは言いたいですね（笑）。

自分と約束し、それを果たそうとするメンタリティ

二宮 怪物・江川さんからヒットを打ったことが一生の自慢であるように、高校時代、村上選手から三振をとったピッチャーは、子どもや孫にも自慢できるでしょうね。

吉本 そうかもしれません。今、あの年で三冠王ですからね。

二宮 ２０２２年の村上選手、最後は三冠王と王さんの55本を超えるかという両方のプレッシャーがあったと思いますが、どう見ていましたか。

吉本 53号から55号までは一気に行ったんですけど、56号まではやっぱり時間が掛かりましたね。

二宮 吉本さんは、子どもの頃の村上選手のメンタルをどう見ていましたか？

吉本 苦しい時、悩んだ時に我慢強いというか、それだけに自分で苦しむタイプだと思う

んですよね。その結果、こちらからやれとは言わなくても自分でやるべきことをやれる。自分の中でこれはやらなければいかんと決めたら、何があってもやるんだと自分との約束がしっかりできて、それをやり通すことができる。中学3年生の時、夏の大会が終わって卒団してからも、他の連中はやらんでも俺はやるんだと、親とか監督ではなく、自分と約束してやり通した。あの練習を見ていてもそう思いましたね。

二宮 この子はプロに行くな、と思ったのはいつ頃ですか？

吉本 中学生の時にそう思ったかというと、ひょっとしたら……ぐらいの感じでしたね。坂井監督に指名されますよ、と言われて「えっ？ 指名されるの」と驚いて、その時に、そうなんだと思ったぐらいです。清宮君の早実と試合して、ムネが打ったとか話だけ聞いてはいましたが、正直言って、高校時代のムネをあんまり見ていないんですよ。普通なら高校へ行っても試験休みに顔を見せるんですが、ちょうどムネたちが2年生の時に熊本の震災があって来られなかった。だから、高校の時にはあまり見てないんですが、熊本駅でたまたま電車に私が乗ろうとしたらムネが降りてきて、思わず「オマエ、でかくなったな」と。高校に行った時が181ぐらいだったんですけど、卒業する頃には186ぐらいになっていて、メチャクチャ大きく感じました。たぶんウェイトトレーニングの成果でしょうね。当時、自転車でジムに行ったりしているのを見かけましたから。

二宮　今、村上選手の身長は、公称188㎝です。

吉本　大きくなりましたね。それより大きいのが藤浪晋太郎や大谷翔平で、彼らが日本の野球を変えましたよね。

子どもたちが一番手本にして欲しいところは……

二宮　史上最年少の三冠王ですから、村上選手が子どもたちに与える影響は絶大です。かつて彼を教えた人間として、野球の技術以外の部分で子どもたちに見て欲しいところはありますか?

吉本　ムネが最初から持っていたのは、あの元気の良さです。今でもヤクルトのベンチで大声を出していますよね。いつもベンチにいて、試合から離れないでしょう、あの子は。あれはもう、彼が最初から持っていた素晴らしいところです。自分の打席が終わると下を向いたり隣の人と喋ったりする子は多いし、そのほうが普通だと思うんですが、ムネに限っては、全くそういうことがなかった。人が打てば自分のことのように喜ぶし、むしろ自分が打って喜ぶより人が打ったときに喜ぶよな、この子は、というのは昔から思っていました。そういうところは、今の中学生や学童の子たちみんなの手本になって欲しいと、すごく思いますね。

二宮　坂井監督も全く同じようなことをおっしゃっていました。自分のことより人のことで喜ぶタイプだと。親御さんがいい教育をされたんでしょうね。

吉本　お父さん、お母さんの教育の成果だと思いますけどね。純粋に野球の試合が好きだという部分と、チームが勝つために自分は何ができるのかという部分。その両方の気持ちを持っていて、そのために自分は努力するんだということでしょうね。

二宮　口で言うのは簡単ですけど、それは素晴らしいことですね。プロになってもその姿は少しも変わっていない。

吉本　変わっていませんね。人に対して声を掛ける、人がしたことをメチャクチャ喜ぶとか、あの声の出し方も当時のままですね。あの姿があるから、みんなに可愛がられるんだろうと思いますよね。ムネの場合、自分の結果が良かろうと悪かろうと関係なしに、いつでも野球に対して前のめりですよ。根っからの野球っ子みたいな気がしています。

二宮　まさに野球小僧。

吉本　野球小僧ですね。子どものように夢中で野球をするのが好きなんでしょうね。

56号への思い

二宮　プロに入ってからの村上選手のバッティングの進化は、ここまで語り合ってきた通りです。構えには微妙な変化がありますね。

吉本　2年目ぐらいまでは、構えた時のバットの位置が体の近くにあってそこから少し引いて出て行ったと思うんですが、今はもう最初から後ろに引いて、そこから一気にバットが出て行く。遊びがなくなった感じですね。22年で一番すごかったのは、ソフトバンク戦（2022年6月11日・福岡PayPayドーム）で2打席連続ホームランを打ったじゃないですか、最初の一発はインコースに来たボールをレフトに運んで。

二宮　1本目は大関（友久）投手、2本目は嘉弥真（新也）投手。いずれも左投手からでした。村上選手インコースをさばくのがうまいから、サウスポーに内側を攻められても苦にしませんね。

吉本　あの頃、左投手に対しても開かなくなってきたんでしょうかね。

二宮　松井秀喜さんも最初は阪神の遠山（奨志）投手のインコースがからっきし打てなくて工夫していきましたよね。村上選手も当然工夫していると思うんですが、レベルアップ

最終戦・最終打席で56号を放ち、記念プレートを掲げる村上宗隆選手（2022年10月3日、神宮球場）／写真提供：共同通信社

のスピードが非常に早いと思います。

吉本　それはあるでしょうね。今の村上は柔らかくて遊びがあります。だからバットがしなっている感じが出ていますよね。

二宮　バットを振り切りますよね。あれは昔からですか？

吉本　昔からですね。肩を入れてしまうとその反作用で絶対に開いてしまう。一番いい時は、ちょっと肩が開くぐらいになっていると思います。

二宮　スタンスについては？

吉本　あまり変わらないと思いますね。私の考えでは、前に行かないようにスタンスを狭める子がいますけど、逆だと思うんです。足をピッチャーのように大きく踏み込んでいかないとボールは飛んでいかないので、踏み込みなさいと。最初は頭が前に行ってしまうかもしれないけど、そのうちいかなくなってくると思うので。

二宮　踏み込んで行っても、村上選手のグリップは後ろにちゃんと残っていますね。

吉本　残っています。あれが踏み込まないと体が開いていってしまうけど、踏み込んだらしっかり止まるので、開かない。投げるのも一緒で、右投手が左足で踏み込んでいくと体が開かないけど、踏み込みが弱いと体が逃げていきます。それと一緒だと思うんですね。

二宮　出る杭は打て、じゃありませんが、伸び盛りの選手のインコースを徹底的に攻め、フォームを崩すというのはプロ野球の常套手段です。そうさせないためにはインコースをきっちり打ち切ることです。これがしつこい内角攻めへの抑止力になる。それが昨シーズンの村上選手でした。

吉本 調子が悪い時ならインコース高めを攻めることはあるかもしれませんが、調子がよかったらそれもスタンドに持っていきますから。56号もインコース高めを持っていきましたし。

二宮 あれだけ打つと、頭の近くにも来るんじゃないかなと思って心配しましたが、あそこまで打つともう村上選手の勝ちですね。下手にぶつけたら、「球界の宝に何をするんだ」と世間からバッシングを浴びかねない。

吉本 僕はどちらかと言うと三冠王より56号を打って欲しいと思っていました。56号を打った最後の打席を見守っていたんですが、あれもよく勝負してくれましたよね。

二宮 最後の打席で決めるのがスーパースターたる所以《ゆえん》です。

吉本 56号はおらんやろ、という思いで見ていました。あの最終戦の前に1試合休んだのが正解だったんでしょうね。あれでリフレッシュしたのと、2打席目にヒットが出たのがすごくよかったんだろうと思うんですけど。

二宮 少年時代からの指導者、高校、プロ球団と全てに恵まれましたね。逆に言えば、村上選手が活躍したことで、過去がクローズアップされた部分もあります。

吉本　本当にそう思います。やっぱり人との出会いというのは、すごく大事だし、そこには運も必要ですよね。本当に運を持っている子だと思いますよ。

野村克也の教え——なぜ村上は12盗塁できたのか？

東京ヤクルト村上宗隆選手には、バット以外にもバッテリーを恐れさせる武器がある。それは２０２２年にリーグ８位の12盗塁をマークした足だ。

22年８月24日の広島戦（神宮）、村上選手は第１打席＝四球、第２打席＝申告敬遠、第３打席＝四球、第４打席＝右安、第５打席＝申告敬遠と、ことごとく勝負を避けられた。この時点の四球数はリーグトップの90個で、２位の巨人・丸佳浩選手（64個）を大きく引き離していた（最終的に１１８四球でリーグ１位、リーグ２位は丸選手の80四球）。

広島の河田雄祐監督代行は、「ヤクルトファンには申し訳ないが、こちらも勝負なので。今はどの打席もゾーンに入っている感じがする」と勝負を避けた理由を説明したが、それはヤクルト側も織り込み済み。ヤクルトの髙津臣吾監督は「厳しい攻めをされるのは４番打者の宿命」と語っていた。

５回裏、先頭で打席に立った村上選手は、広島の２番手の左腕へロニモ・フランスア投手が投じたワンバウンドの変化球を見送り、この日３つ目の四球を選ぶ。唇を噛んでエルボーガードを外すしぐさに悔しさがにじんでいた。

村上選手は、この悔しさを足で晴らす。5番ドミンゴ・サンタナ選手の2球目にスタートを切り、シーズン12個目の盗塁を決めた。続く6番山田哲人選手のタイムリーツーベースでホームを踏み、スコアを4対2とした。ちなみに自己最多に並ぶ12盗塁は、このシーズン、チームでは塩見泰隆選手の23個に次いで2番目だ。

20年には1試合で二盗、三盗、本盗を決める「パーフェクト・スチール」を決めたこともある。これは通算1065盗塁の福本豊さんですら達成していないレアな記録だった。

村上選手の50メートル走のタイムは6秒1。高津監督は「足は決して速くないですけど、すごく積極的」と評している。盗塁〝量産〟の秘密はどこにあるのだろう。

盗塁の成否は、8割方スタートで決まると言われている。決して俊足とは言えない村上選手だが、スタートを切る際の判断は的確で、相手のバッテリーの虚をつくこともしばしば。私見だが、高校（九州学院）時代、キャッチャーをやっていたことと関係があるのではないだろうか。

そこで思い出されるのが、ヤクルトに黄金時代をもたらせた元監督の野村克也さんである。現役時代の野村さんというと鈍足のイメージがあるが、117もの盗塁を記録している。2ケタ盗塁も3度（67年＝13、70年＝10、71年＝12）ある。通算117盗塁は、1000試合以上出場したキャッチャーでは伊東勤さんの134盗塁に次いで史上2位である。

かつて、この点を本人に質したことがある。

「結局ね、盗塁というのは『7、8割はピッチャー』だと。『足の速さなんて関係ない』と言い続けたんです。『例えば福本とオレが〝よーい、ドン〟で一塁から二塁へ走ったら、どれだけ離されるか考えてみろ』って。しっかりスタートを切ればオレでも走れるんだから」

驚くことに、117個の盗塁の中には7個のホームスチールが含まれている。

「ホームスチールはね、僕の得意技だったんですよ。僕が三塁にいても、相手バッテリーは『絶対に走ってこない』とタカをくくっている。ピッチャーは悠々と大きなモーションで投げてくる。そこを狙うんですよ」

さらに、こう続けた。

「単に走ってもダメなんです。バッテリーにエサをまくんですよ。1球目にダーッとスタートを切って途中でやめる。すると、相手のピッチャーは『ノムさん、何やってるの？』と僕をバカにしたような表情を浮かべるんです。『どうせ、走る気もないくせに』と。これで相手の心にスキができる。まさか2回も続けてやってくると思わないでしょう」

野村さん流に言えば、盗塁は相手バッテリーとの心理戦だということだ。〝生涯一捕手〟の野村さんだからこそマスターすることのできた盗塁の極意だったと言えるかもしれない。

一度、村上選手に〝盗塁のコツ〟を聞いてみたいものである。

松岡弘の眼①――王貞治と村上宗隆はどちらが怖い？

２０２２年9月13日の巨人戦（神宮）で、東京ヤクルトの村上宗隆選手は54号、55号と2本のホームランを放ち、王貞治さんの持つシーズン日本人登録選手最多本塁打記録に並んだ。この時点で、13年にウラディミール・バレンティン選手（ヤクルト）がマークしたＮＰＢ記録の60本まであと5本に迫った。

村上選手が「世界の王」に並んだ翌日、私はヤクルトのレジェンドに電話を入れた。球団最多の１９１勝をマークしている松岡弘さんである。松岡さんは球団が初優勝を果たした１９７８年、エースとして16勝をあげ、日本シリーズでは最優秀投手賞に輝いた。

本格派の松岡さんは、巨人のＯＮ（王貞治と長嶋茂雄）にも真っ向勝負を挑み、その向こう傷として、王さんには18本のホームランを浴びている。この数は平松政次さんの25本、星野仙一さん（中日）の24本、外木場義郎さん（広島）の23本、江夏豊さん（阪神→南海→広島→日本ハム→西武）の20本に次いで5番目（松本幸行さん＝中日→阪急も同数）になる。

まずは松岡さんに、王さんについて聞いた。

「王さんはね、ピッチャーを引き込んでいくんですよ。そもそも、あの一本足打法、〝ここへ投げていらっしゃい〟という構えでしょう。実は王さんには弱点があって、ヒザ元のボールはそうは打てない。ところが王さん、右足を上げるでしょう。その右足でホームベースを隠すんですよ。こちらとしては大打者にぶつけるわけにはいかない。ヒザ元に投げたつもりでも、少し真ん中に寄る。ヒザ頭目がけて投げたボールが、皮肉なことに王さんの一番好きなコースになるんです」

――つまり、右足を上げる一本足打法は弱点のインローを〝消す〟役割も果たしていたということですね。

「そういうことですよ。僕がプロに入ったのは68年で、王さんは4年日の62年から一本足打法になった。荒川博さん（当時、巨人打撃コーチ）の指導でね。先輩たちに聞くと、二本足で打っている頃は、あまりにインコースが打てなかったというんだ。それもあって一本足にしたんじゃないの。結果的には、それがよかった。右足を上げることで苦手なコースがなくなったわけだから……」

――考えてみれば一本足は不安定な構えです。しかし、軸足の左足は微動だにしなかった。

「下半身が動かないから、顔も動かないんだよ。王さんは右足を上げて下ろす。大きな動きのはずなのに、ボールをとらえるまで、全く顔が動かないんだ。軸足だけで〝グッ〟と回る。そして計ったようにライトスタンドに持っていく。

僕の場合は、あまり大きなホームランを打たれた記憶はないね。フェンスのちょっと先に落とされたようなホームランばかり。後ろを振り向き〝あ〜、あ〜、あ〜〟と思っていると〝ポトッ〟とフェンスの向こう側に落ちる。これってピッチャーにとっては嫌なものなんです。〝ガバーン〟と打たれて〝あー、行っちゃったよ〟となった方がどれだけ楽か。これなら諦めもつくからね。気持ちも切り替えやすいでしょう」

――当時の巨人が本拠地としていた後楽園球場は狭かった。両翼は90メートルという表示でしたが、実際は87・8メートルだった。

「そうなんだよ。ボール際の打球なんて、〝うわー、これが入るの⁉〟ってヤツが結構多かったからね。ああいうのが一番堪えたね」

――191勝をあげたピッチャー目線で、王さんと村上選手、どちらが怖いですか？

「僕は村上だと思うね。ヤクルトの後輩だから、ってわけじゃないよ。彼は、あれだけ広いスタンスを保ちながら、全然、前に突っ込まない。これは王さん同様、軸がしっかりしている証拠。顔がブレないところも似ているよね。だからヘッドアップもしない。王さんも凄かったけど、体の軸を中心に目一杯バットを振り切る力は、村上の方があるんじゃないかな。よく、あんなバッターがヤクルトから誕生したものだよ」

村上選手と王選手、55本塁打の打球方向を比べてみよう。

村上選手がレフトに9本、左中間に9本、センターに13本、右中間に8本、ライトに16本と広角に打ち分けているのに対し、王選手はレフト方向に3本、センター方向に3本、ライト方向に49本と引っ張り専門である。

打法も違う。村上選手が広いスタンスで構え、ボールを呼び込んで打つのに対し、王選手は独特の一本足打法で立ち、ボールを体の前で捌いていた。

その王さんは自らの記録に並んだ村上を、こう絶賛した。

「まだ5年目なのに、他の選手を圧倒的に引き離してチームの勝利にも貢献している。選手としては最高です」

村上選手が初めて本塁打を30本台に乗せたのは入団2年目。翻って王選手は5年日。50本台は村上選手の5年目に対し、王選手は6年目。

村上選手がこのままのペースで打ち続ければ、王さんの持つ868本の〝世界記録〟を塗り替えることも不可能ではあるまい。問題は、いつ海を渡るかだ。

第3章　モンスターへの道（高校生時代）

——九州学院高校野球部前監督・坂井宏安さんに聞く

村上選手が飛躍する上で、ステップボードになったのが九州学院高校での3年間である。九州学院から日本体育大学に進み、27年間にわたって同校野球部を率いた坂井宏安監督は、村上選手をどう育てたのか、じっくり話を伺った。

「村上のことは全く知らなかったんです」

二宮 九州学院はスポーツの名門です。オリンピック選手もたくさん輩出しています。

坂井 今JOCの会長をやっている柔道の山下泰裕が僕と同級生です。山下が2年生の時まで一緒なんですよ。

二宮 山下さんは途中で東海大相模に転校したんですよね。

坂井 世界を目指すということで、2年の夏から東海大相模へ行ったんです。今でもけっこう仲いいですよ。誠実で裏表がないいい男だし、誇りにしている同級生です。

二宮 確か東海大の創立者である松前重義さんが熊本県の出身ですよね。

坂井 だから、陸上短距離の末續慎吾も九州学院から東海大でしょう。古いところでは陸上短距離の清藤亨さん、水泳の吉無田春男さん、陸上長距離の浦田春生といったオリンピック選手が出ています。

二宮　九州学院はスポーツ選手の特待制度はあるんですか？

坂井　うちは特待がないんですよ。村上も授業料を払っていました。アスリートコースというのはありますけど、学費免除の特待ではないんです。

二宮　アスリートコースも普通に学費を？

坂井　授業料も払うし、入学試験も一般の生徒と同様に受けなければいけません。スポーツ推薦だからと言って全員獲ることもありません。学力のほうが一定以上でないと、スポーツどころじゃありませんから、村上たちも全員授業料を払って来てくれました。

二宮　村上選手をぜひとりたいというのはありましたか？

坂井　それが、僕は村上というふいい選手がいるということすら知らなかったんですよ。見たことがなかった。みんな僕が日参してあの子を獲ったと思っているみたいですが、本当の話、全然知らなかったんです。

二宮　中学まで村上選手を指導していた吉本幸夫さん（熊本東リトルシニア監督）から、いい子がいると推薦されたと……。

坂井　吉本さんの次男でプロ野球選手になった吉本亮（現ソフトバンク一軍打撃コーチ）はうちの高校のOBなんですよ。吉本さん自身は僕の2年先輩で中学校が隣同士、熊本市から少し南に下った宇城市というところで、吉本さんが不知火、私は松橋《まつばせ》という中学校です。吉本さんはその後、熊本工業高校で野球をやるんですが、ものすごく優秀な選手でした。

二宮　すると、吉本監督を中学時代から知っていたわけですか。

坂井　中学の時から知っています。足が速くてすごくいい選手でした。もうちょっと強肩だったらプロに行ったでしょうね。

二宮　吉本監督のポジションは？

坂井　セカンドで1番バッター。僕らが1年の夏に熊工に負けましたけれど、その試合で5盗塁されました。韋駄天でしたね。

二宮　吉本監督は社会人野球でも活躍しました。

坂井　NTT、昔の電電九州ですね。今も勤めていますよ。だから僕は吉本さんは知っていたんですが、次男の吉本亮も言われるまで見たことがなかったんですよ。人から聞いて練習を見に行って、いい選手だなと……。

銚子商業で勉強して母校の監督に

二宮　松橋中学から九州学院に進まれた坂井監督ですが、現役時代のポジションは？

坂井　僕は外野手です。九州学院から日体大に行って、卒業後の3年間は千葉のほうで公務員になって、公立の銚子商業高校に勤めていました。

二宮　74年の夏には全国制覇を達成しています。

坂井　はい。斎藤一之監督のもとで勉強させてもらったんですが、そのうち九州学院から帰ってこいと言われて、最初は断ったんですけれど、〝お前が帰ってこんかったらいかん〟と言われて……。

二宮　銚子商高に体育の教員で入って野球部のコーチをされたわけですね。当時はどんな選手がいたんですか。

坂井　僕がいた時はプロの選手は出ていないんですよ。

二宮　巨人で活躍された篠塚（和典）選手は？

坂井　篠塚さんは僕と同級ですからね。

二宮　エースは74年にドラフト1位で中日に入団した土屋正勝さんでした。73年の夏には江川卓さんを擁する作新学院を1対0で倒しました。

坂井　当時は土屋（正勝）さんとか篠塚さんとか、1学年下の宇野（勝）さんがいて、その下に尾上（旭）君と、ドラフトにかかった人たちがいたんですよね。

二宮　坂井さんが銚子商高に入ったのは、その後ぐらいですか。

九州学院高校前監督、坂井宏安氏

坂井 その後です。土屋さんの上が国際武道大の岩井美樹《よしき》監督ですから。

小川淳司さんとの縁

二宮 監督ご自身の甲子園の経験は?

坂井 1回出ました。3年時の57回大会(75年)です。当時はまだ大分県と一緒に中九州大会をやっていたんですが、それを経験した最後の世代です。

二宮 3年の夏ですか。

坂井 夏です。最後、津久見高(大分)と決勝戦をやりました。

二宮 当時の津久見は強かったですからね。

坂井 そこに勝って甲子園に出て、準優勝した新居浜商高に初戦で負けたんです。

二宮 村上(博昭)投手の時ですね。

坂井 はい。村上君や続木(敏之。76年、阪神にドラフト2位指名)君たちの。

二宮 あの年の新居浜商は2年生がよかったです。

坂井 続木君と大麻(裕一)君が良くて、彼にやられたような感じで、スコアは3対1じゃなかったですかね。

二宮　懐かしいなあ。

坂井　はい。鴨田（勝雄）さんが監督をされていて。

二宮　その後、法政大の監督をされました。

坂井　愛媛はよく行ってたんですよ。宇和島東の上甲（正典）監督は、もう兄貴みたいな存在でした。九州学院は吉本亮の時から、上甲さんのチームと試合をさせてもらえるようになって甲子園に出始めたんですよ。済美高に行かれた時には、僕らも甲子園に出始めた時だったから、遠征してやらせてもらいました。あとは松山商高の澤田（勝彦）監督にも試合して勉強させてもらいました。

二宮　澤田監督が率いた松山商は96年夏、5回目の選手権優勝を達成しました。決勝の相手は熊本工。松山商のライト矢野勝嗣選手の〝奇跡のバックホーム〟が有名です。ところで、甲子園に出場した時の打順は？

坂井　2番でセンターです。ヒットを2本打たせてもらったですね。

二宮　村上投手はその後、明治大に進みました。

坂井　全日本に彼も選ばれましたけど。キャッチャーの続木君がまた良かったでしょう。阪神に行きましたけどね。

二宮　あの夏の甲子園大会の決勝は新居浜商高対習志野高でした。5対4で習志野が勝ちました。習志野のエースがヤクルト前監督の小川淳司さんです。

坂井 そう。その小川さんがヤクルトのシニアディレクターの時、村上を見にきていた。小川さんが村上をとったんですよ。

二宮 不思議な縁ですね。

坂井 あの大会で九州学院のショートをやっていた河田啓吾が大会後に小川さんや今の巨人の原辰徳監督なんかと一緒に全日本（高校選抜）に選ばれて、アメリカに行ったんですよ。だから村上がヤクルトに指名されて小川さんがここへ挨拶に来た時、九州学院野球部のOB会長をやっていた河田と対面した。そこで「おお、河田！」となった。そんな縁もあったんですよ。

二宮 習志野から中央大、河合楽器に進んだ小川さんはアマチュアの人脈も豊富で、かつ誠実な人柄で知られています。

坂井 その時、小川さんが「ちょっと監督、話があります」と。「先生、村上君はキャッチャーでも十分にいけます。でも、打つほうは何年に一人の逸材だと思うので、野手でやらせたい。それでもいいですか」と言うわけですよ。いやいや、娘を嫁にやる親としては、結婚が決まったとなったら、もう「娘を頼みます」としか言えない。それと一緒だから、どうぞ、そちらで思うようにやってくださいと言いました。最初から野手でいくというのは、その時に言われたんですよ。

村上との出会い

二宮　坂井さんは中学時代の村上を一度も見たことがなかったんですか？

坂井　それは本当なんですよ。吉本監督に聞いてみてください、うちに体がちょっとでかくて、ええのがおるんだって話がきた。キャッチャーで少しヤンチャだと。ヤンチャというのはワルという意味じゃなくて元気がいいと。あいつ（村上）はおしゃべりだし。だから、あいつを預けるならお前しか無理だろうと思っているというんですよ。で、父親と本人をそっちへやるから、お前が話せっていうんで、わかりましたと。それで練習を見学に来た。あの当時の身長は181か2ぐらいじゃないかな。

二宮　それは中学3年生のいつ頃ですか？

坂井　3年の夏、8月ぐらいです。

二宮　中学生としては大柄ですよね。

坂井　公立の熊本市立長嶺中学校からやって来ました。

二宮　学生服で坊主頭とか？

坂井　もちろん。最初の印象は「体もでかいけど態度もでけえな」と（笑）。お父さんと3人で、うちの野球はこういう野球だよという話をしました。

二宮　坂井監督の野球には攻撃的というイメージがあります。

坂井　基本はそうです。たとえばエラーを狙えとか、2ストライクに追い込まれてもフォアボールを狙っていけとか、そういうことは一切言いません。それならバットを振ったりトレーニングしたりする必要がないでしょう。だからそんな野球はしない。「待て」以外は打っていく野球だぞと。極端な話、全部初球を打って27球で負けてもいいと。打つために練習するんだよ。それぐらいの覚悟で、先生は野球をやっているんだよ、という話をしました。

二宮　村上選手本人は、まだ進路を決めかねていたようですね。

坂井　吉本さんが言うには、県外からいくつも誘いがきていたみたいです。ただ僕は村上のことを全然知らなかった。それは結局、特待がないからですよ。いい子はみんな特待でしょう。うちはそれがないし、スタッフがたくさんいるわけでもないから、中学校の試合を見に僕らが行ったら練習ができないじゃないですか。自分たちの練習が主で、平日は授業をしていますから、ほとんどよその試合を見に行けないんです。

二宮　特待制度がないということは、家庭の経済事情も考えてあげる必要がありますね。

坂井　そうです。普通の生徒と同じ条件で来てもらわなくてはいけませんから、中学校の先生などから、こういう子がいますよ、という話があっても成績はどうですか？　とか、授業料がかかるから経済的に大丈夫ですか？　とか、そういう話も聞かなきゃいけない。だからと言ってお金持ちの子をとるとか、それはないですし、入学に際し、特別扱いすることもありません。

二宮　村上選手も普通の家庭ですもんね。

坂井　吉本さんから聞くまで、村上の「む」の字も知らなかったと言ってもいいです。

二宮　村上選手の実家は不動産屋さんだそうですね。先ほど偶然、会社の前を通りました。お兄さんの友幸さんも野球をされていたそうですね。

坂井　お兄ちゃんは東海大付属熊本星翔高校から東海大へ行って、確か関東地区大学選手権の決勝も投げたと思うんですけど、その後、社会人の埼玉にできた自動車関連の会社（テイ・エステック。埼玉県行田市）で野球をやっていましたが、ケガがあって今季（2022年）で辞めると発表しましたね。将来はお父さんの跡を継ぐのか、わかりませんが……。

ケガをしてまでやる根性論はいらない

二宮　お父さんも高校球児ですから、野球一家ですね。

坂井　野球一家です。お父さんは今の文徳高校、昔の熊本工大高で野球をやっていたんですが、肩を痛めちゃって、できなくなった。その後は、少年野球の審判や高野連の審判もされてたんですよ。

二宮　本当に野球一家だったんですね。先の指導の話ですが、どんどん打っていって27球で終わってもいいんだというのは高校野球では珍しいですね。勝ちたい一心で、粘って四球で塁に出ろとか、ぶつかってでも塁に出ろと指導する人は知っています。数多く放らせればエースがへばるとか……。

坂井　ぶつかってケガしてまで野球するもんじゃないと思わないですか？　思うんですよ、僕は。

二宮　それは根性野球だと？

坂井　我慢強く自分を鍛える根性は必要だけど、そんな根性はいらないじゃないですか。

二宮　自分の限界に挑戦しろ、という監督もいます。

坂井　血吐く前に言えよと。体がゾクッとしたら言えよって言います。その時に薬飲んで休んだら、2、3日で済むぞって。我慢して我慢してなんて、それは根性じゃない。熱を出したら1週間以上かかるんだ、損するぞって。僕はそういう考えなんです。

二宮　異変を感じたらすぐ休めと。

坂井　ピッチャーに対しても肩に違和感があったら投げるなと言うんです。それを我慢して我慢して投げるなんて、そんなのは美学でもなんでもないですよ。

村上はキャッチャーだったじゃないですか。「キャッチャーはコーチになりなさい」と教えました。ピッチャーをよく観察して、「今日はフォームが小さいぞ」とかも言ってくれと。私も聞くんです。「ムネどう？　今日は球、来てる？」「いや、先生来てませんけど」と返ってくれば、ピッチャーに「おい、今日は球が走ってないぞ。オマエはどう思う？」と返す。それで「感じ悪いです」とくれば「球が走ってないから、今日はオマエ、走っとけ」と。そんな時に無理に正そうとすると、絶対ケガするんですよ。

二宮　なるほど。無理は絶対にさせない。

坂井　「今日は感じいいです」という時に投げ込ませればいい。これはバッティングでも同じ。感じが悪いとか、違和感があるという時にやっても、伸びない。逆にフォームが悪くなるだけです。

「高いフライを打て」

二宮　動画を見ると高校時代の村上選手のバッティングフォームは、ほぼ出来上がっていたようにも見えます。プロでも大きくは変わっていませんね。

坂井　ムネは最初から変なクセがなかった。バットを構えてヒッチするとか下がるとか、そういうことが全くなくて、自然体で柔らかく構えられる。そんな選手のフォームをああせえ、こうせえと言ったら逆におかしくなる。いい形を持っていたら触らない。これが一番の指導です。

吉本さんか別の誰かが教えてそうなったのか、自分で身に付けたのかは知らないけれども、いいところを変える必要は、何もないじゃないですか。ただ、筋力がまだ足りないから、体の使い方がよくないと感じたことはありました。特にうるさく言ったのは腰の回転ですね。「お前、打ち気にはやって体だけ出ていってもダメだぞ。軸を作らなきゃ。なんでも軸だから」とそれは口うるさく言いましたね。もちろん土台が弱いのに形だけいくらやっても、絶対に上手くなりません。だったら、まず先にここの筋力をつけようよと。最初から結果を求めていったら伸びないですから。

二宮　基礎体力がなければフォームだけ作ってもダメだと。

坂井　そうです。それと、村上のあの素材だからあえて言ったのは、「見逃しの三振さえしなかったら、ずっと三振でもいいよ」と。最近、僕が村上に「とにかくフライを打て」と指導したと世間で言われているようですが、それはちょっと違う。僕が言ったのはフライはフライでも「高いフライを打て」ということです。

二宮　単なるフライじゃないわけですね。「高いフライ」の意味するところは？

坂井　後ろにネットを置いたケージの中で「上にファールを打て」とやらせました。よく野球の解説者が、バッターの後ろにファールが飛ぶと「タイミングが合ってきましたね」とか言うじゃないですか。それは、打つポイントがしっかり合っているということですね。違う方向に飛べばポイントがずれているから、それを正すというのが一つ。もう一つは、後ろに打ち上げるにはボールの下のほうを打たなければいけないけど、これはかなり難しい。真ん中を打つほうが簡単です。ということは、狙ってボールの下を打つ練習をすれば、バットコントロールは良くなるはずだと。そう考えたんです。

二宮　上を叩いたらボールは下に行くけど、ポイントよく下を叩けばボールはスピンがかかって上に上がると？

坂井　そうなんです。そういうファールを打てるということはポイントもしっかりしているし、バットコントロールも最短距離の軌道を描いているということ。これを口で言うのは簡単ですが、やるのは難しい。だからフライを打て、ゴロは打ち損ないだぞと。ただ、そういう練習は全員にはやらせません。

二宮　これはと思った選手にだけやらせると。

坂井　高いフライ、それも特にセンターから左中間方向ですけれど、そこに大きいフライを打つということは、球をとらえるバットのポイントがしっかりしているということです。野球では真芯でとらえた打球というのは、意外に飛ばないんですよ。卓球なんかでもラケットや体で工夫して球に回転をかけたりするじゃないですか。あれと同じで打球を飛ばすには真芯で跳ね返すんじゃなくて、打球が上がって伸びていくには、球に回転を与えてやる必要がある。そういうコツを習得しているのが長距離バッターだと思うんですよね。

二宮　つまり村上選手には早くから長距離砲の資質があったと。一種の英才教育ですね。

坂井　選手みんなにそういう指導をしているように思われているかもしれませんが、僕もそこまでバカじゃない。とにかくフライを打つのがいいんだという、最近のフライ何とか、僕はあれとは全く考えが違いますからね。

二宮　フライボール革命ですね。

坂井　そう、あれでアッパースイングに走る子供が増えているみたいですが、やはりバッティングは無駄なく振ることが大事です。ましてや最近の甲子園なんか150キロ台のピッチャーがゾロゾロいますから、バットが下がって無駄があったら、絶対に差し込まれます。コンパクトな軌道でバットを振っていく。その基本を身に付けてなかったら、上のレベルでは通用しない。ちょっと遅い球なら少しバットが下がって無駄があっても打てますが、上に行ったら許されませんよね。それはプロに行かせるためとかではなく、チームで活躍する選手になってもらうためにやったことです。

高校時代のヒーローは原辰徳

二宮　監督ご自身、バッティングで影響を受けた選手や指導者はいますか？

坂井　いろんな人から話を聞きましたけれど、日体大から教師になった僕は社会人野球の経験もなかったから、やっぱり自分で勉強するしかなかったですね。

二宮　高校の野球部の監督でも日体大出身者は最大勢力ですね。

坂井　僕らの頃はほとんどが教員です。

二宮　そのせいか、技術より教育面を大切にする監督が多い印象を受けます。

坂井　僕らは監督が職業じゃなくて、職業は教員ですからね。だから肩を壊す、病気になるとかで選手を潰してまでとは思わないし、精神的に選手がいじけてしまうようなことまでして甲子園に行くもんじゃないと。

二宮　素晴らしい！　進学や就職に有利になるからという理由で無理をさせてでも全国大会にこだわる指導者も少なくありませんか。

坂井　いやいや、だって自分の子だったらそう思うでしょう。それと同じで他人様の子を、僕らの名誉のために利用するなんて絶対にできません。

二宮　坂井さんが日体大の時代に強かったのは東海大ですか。

坂井　そりゃあそうですよ。原（辰徳）選手たちがいましたし。東海大の原君は僕らの1つ下で、2つ上には大洋へ行った遠藤一彦さん、中日へ行った石井昭男さんとかがいましたから、あの時代はどうしようもなかった。とにかくすげぇと思って見ていました。僕が入る前年までは日体大も首都大学リーグで優勝して神宮大会でベスト4までいったりしていたんですが、僕がいた4年間、春秋8季はほぼ2位です。しかも僕はベンチには入れてもらったけど、レギュラーまではいけなかった。だから、自分自身は野球の技術に全く自信が持てませんでした。

二宮　東海大相模から東海大に原さんや津末さん（英明。日本ハム→巨人）が入ってきた時は、どんな感じでしたか。

坂井　おお、すげぇって（笑）。彼らのことは高校の時から知ってますからね。招待試合で熊本に来たりもしていましたし、津末君は熊本出身ですからね。

二宮　原さんのお父さんの貢さんは佐賀の生まれで、1956年夏には三池工高（福岡）の監督として初出場・初優勝を達成しました。熊本で九州学院と原貢監督率いる東海大相模が招待試合を行ったということで、すごい人気だったでしょう。

坂井　すごかったですよ。原君と津末君はすでに大学の選手みたいだったし、おまけに高校野球のスーパースターじゃないですか。僕が2年で彼らは1年ですけど、もう当時からスターですから、キャーキャーとすごい人気で、僕らの地元なのに向こうのほうが応援が多かったですね。

二宮　試合はどうだったんですか。

坂井　たしか16対1か2で大負けしたんじゃないですか。そのぐらい実力差がありましたけど、それに加えて原君たちはかっこいい、スマートじゃないですか。そういう意味でも僕らと全然違ったし、村上にもやっぱり実力だけじゃなく、あんなふうにスマートになってもらいたいですよね。

二宮　大スターでしたよね。原辰徳さんは、あの頃から若大将のイメージで女性誌の表紙などを飾っていました。

坂井　今でも「ジャイアンツの原監督は1個下です」という自己紹介になりますよね（笑）。

甲子園で味わった挫折

二宮　話を戻しますが、「甲子園が全て」という監督が多い中、「無理してまで出るものではない」という考えは新鮮でした。

坂井　もちろん、許せる範囲の中では頑張って狙っていかなきゃいけないけど、サインを盗んでまで、ズルしてまで勝とうというのはありません。村上たちにも一切そんなことはさせてないです。ただ防御策はいっぱい教えています。ショートの動き見とけ、相手投手を見とけ、下手したらブルペンにいるキャッチャーも見とけと（笑）。そういう防御はしとかなきゃいけない。だから村上も相手の動きであればこうだとか、よく知っていますよ。頭も切れるほうだから。

二宮　そうやって養った観察力がバッティングにも役立っていると。

坂井　前の打席はこうだった、その前の打者はこうだったとか、試合をずっと観察しながら、相手投手の決め球は何か、自分に対してどう向かってくるのかを考える。さらに、アウトカウントやランナーがどこにいるかによって守備位置も変わるし、求められるものが変わるのが野球です。この場面は何を欲しがっているのか、ワンヒットか大きいのが必要か。そういうことも考えられるようになっていきました。

野球というスポーツはずっと気を張っているわけではなく、抜いている時間がほとんどなんですよ。抜いていたところから一瞬に集中してパッと力を入れる。その集中するところにどうやって自分を持って行けるかということが大事なんです。

二宮 村上選手は1年生（15年）の夏に甲子園に出ましたよね。あの時はファーストでした。

坂井 あの時はキャッチャーで他にいいのがいたんですよ。ただ、村上にはいずれキャッチャーもやらせようと思っていたから、外野ではなく内野でフォーメーションを覚えさせたかった。それでファーストに置いたんです。

二宮 なるほど。甲子園では遊学館に3対5で1回戦で敗れました。

坂井 遊学館の小孫（竜二。現東北楽天）君に抑えられたんです。

二宮 いいピッチャーでしたね。村上選手は1年生で4番に座りましたが、4打数ノーヒット。試合後は涙を流していました。

坂井 メチャクチャ悔しかったと思うんですよ。村上にとっては、あれで挫折を味わったんじゃないですかね。

二宮 その後、練習態度とかに変化はありましたか。

坂井 村上は失敗を後悔するのではなく、しっかり反省してすぐ次の行動に移るタイプ。だから、失敗を引きずらない。次のステップに向かって黙々と練習する子でしたね。甲子園という大舞台で打てなかった。じゃあ次こそ結果を出すためにどうすればいいかを考える。苦い経験をすればするほど、どんどん成長していく。そういう子でした。

二宮 相手は3年生投手。あの試合では相手投手に力負けという印象でした。

坂井 力負けですね。センターライナーのまああの当たりはありましたけど、上がりきらなかったですね。

「楽」の習得が、いいスイングにつながる

二宮 甲子園に出場した時点では何が足りなかったんでしょう。

坂井 一番は、振る力ですよね。振る力はとにかくバットを振ることでしか身に付かない。ある時、甲子園に出た他チームから「毎日1000スイングは振っている」と聞いた時、「オマエ、これどう思う？」と村上に聞くと、「1000ぐらいは普通に振りますよね」と。連続のティーバッティングで、毎日1500は振っていたんじゃないですか。

二宮　連続のティーバッティングで⁉

坂井　連続で振るのはキツイですよ。だから「楽」を覚えるじゃないですか。人間、ウーッとなるようなキツイ練習をしたら、何とかそれを少しでも楽にこなそうとするもんです。そうでなければ続かないから「楽」を覚える。実はその時が一番コンパクトなスイングになっているんです。それは悪い意味の楽じゃなくて「いい楽」なんですよ。ああせい、こうせいと言うより、とにかくはい、はい、はいと連続して打っていくとそれが出てくるんです。

二宮　連続でトスを上げて休ませない。

坂井　自分で自分の「楽」を覚えていくには一番の練習法じゃないでしょうか。

二宮　それが自然体のフォームというわけですね。

うさぎ跳びをさせる理由

二宮　村上選手の今のフォームは、まずスタンスがとても広い。下半身が強く、しかも柔らかくないと、あんな構えはできません。

坂井　今の村上のスタンスはかなり広くなっていますが、あれは広くなって当たり前だと思うんです。なぜかと言えば、広くしても、しっかり下半身を使えるぐらい体が柔軟になったということです。体を柔軟にする努力をずっとしていますよね。

二宮 ヨガをやっているとか。

坂井 ヨガ的なストレッチでしょうね。

二宮 高校の時より柔軟になっていますか？

坂井 もう断然なっています。２０２２年のセ・パ交流戦（ソフトバンク戦・6月11日）を福岡ドームに見に行ったんですけど、試合より村上の練習を見たかったんですよ。そうしたら試合前、いろんなセレモニーをやっている時に、レフトのところで柔軟をやったりダッシュやったり。見ていて、すごく体に柔軟性が出ているのにびっくりしましたね。

二宮 体が柔らかくなければケガも遠ざけられる。

坂井 そうなんです。あれを見て安心しました。あれなら打てるし、ケガもしない。よう練習してるなというのをすごく感じて、ホッとして試合を見たら、ツーラン、満塁と、２発ホームランを打ったんですよ。

二宮 いい試合を見ましたね。

坂井 あれを見て、もう安心して帰りました。高校の時も練習をよくやる子だったけど、プロになってもちゃんとやって、柔軟性が上がっているなと。

二宮　柔軟性を出すために坂井監督はどんな練習をやらせましたか？

坂井　僕の場合はうさぎ跳び。うさび跳びはその昔はやっていたけど、ある時から、ダメだとなったでしょう。でも僕は必要だと思ってやらせるんですよ。ただし罰としてではなく、手をつないでゲーム感覚で。なぜかと言ったら、今の子は足首、膝、股関節と、下半身が硬い。トイレが洋式になったからですよ。

二宮　なるほど。和式トイレだと腰を下まで下ろす。今の子は初めから洋式だから椅子に座るのと同じ感覚なんでしょうね。

坂井　だから今の子は腰を落として深く座れないんですよ。よく不良の子が和式トイレのような座り方をするでしょう。あいつら立派なもんですよ（笑）。今の子はなかなかできないですから。

二宮　正座もできませんね。

坂井　ましてや高校時代の村上はキャッチャーでしたから、下半身の柔らかさが必要です。それで毎日何百回とスクワットをやったんです。

二宮　柔道の上村春樹さんも洋式になって日本の柔道はダメになったと言っていました。最近はまた復活しましたけど。

坂井　上村さん、僕の隣町出身（下益城郡小川町、現宇城市）です。ありがたい言葉ですね。昔はよく失敗したら「うさぎ跳び100回！」とかを罰でやらせていました。そうやって無理にやらせるとケガをしたりするんですが、楽しんでやったらケガもしないんです。

二宮 楽しんでやる、とはどんなやり方ですか？

坂井 手をつないで1、2、3、4……「今度は勝つぞ！」なんて言いながらやるわけですよ。

二宮 それによって自然と股関節が柔らかくなっていく。

坂井 そう自然と。やり方次第でしょう。要は楽しんでやるか、どうか。

高校1号は満塁弾

二宮 村上選手の高校第1号は満塁ホームランでした。

坂井 夏の甲子園予選の第1戦（東稜戦）です。その初打席でノーアウト満塁になったんですよ。正直、それだけでも驚きましたね。よりによってこんなところで回ってくるのかと。これは何かあると。走者一掃ぐらいの当たりは打つかなと思いましたよ。そうしたら、何を間違ったのかバックスクリーンに放り込んだ。熊本の藤崎台球場は芝を植えてあって入れなかった。だから、5回のグランド整備まではずっとボールが落下地点にあったんですよ。

二宮　ホームランはライナー性、それともフライ？

坂井　放物線です。

二宮　あの広い藤崎台のバックスクリーンに放物線で入れるとは……。

坂井　昔は日本で一番広いと言われた球場での最初の打席であの場面が回ってきて、あの結果ですから。運というか、そういうものが村上にはあるんだなって、その時思いましたよ。

二宮　要するに〝持っている〟と。そこから打ちまくるわけですね。

坂井　高校通算52本ですから。

二宮　その前の練習試合とかでホームランは打ってないんでしょうか。

坂井　いえ、その前にも打っているんです。正直、あれが何本目かわからないんですよ。同期の清宮（幸太郎）君の記録が注目されてから、村上のも数えてみろって、それでスコアブックで数え始めたんです。

二宮　実際はもっと多いかもしれない？

坂井　多いかもしれません。それと村上は半分以上フォアボールですから。

二宮　打席の半分以上も？

坂井　県外の試合の時に打つんですよ。ちゃんと勝負してくるから。県内は勝負してこないケースが多かった。

打倒・秀岳館

二宮　村上選手の甲子園出場は1年夏の1回だけです。

坂井　村上の頃は秀岳館が強かった。

二宮　鍛治舎《かじしゃ》（巧）監督（現県立岐阜商高監督）の頃ですね。秀岳館でも勝負しないんですか？

坂井　鍛治舎さんは勝負どころがわかる人ですから、肝心なところはけっこう歩かされていましたね。

二宮　鍛治舎さんも同じ左の強打者として村上選手には注目していたでしょうね。

坂井　いいバッターだとは認めてくれていたと思うんですけれど。ただ、村上以上に向こうのピッチャーたちが上でしたね。

二宮　有名な指導者が熊本にやって来た。県外からの選手も多いということで、県内の高校には対抗意識があったとも聞きました。

坂井　いや、僕は楽しかったです。今の大阪桐蔭とやるようなものでしょう。秀岳館に集まった子たちの多くは、アンダー世代の日本代表だった。それに対して僕らは、自転車で通える子たちが集まってきていただけで、県外の子はいなかった。地元の中学で軟式をやっていた子たちが中心でしたから。それでも相手が強ければ強いほど、こっちも燃えるじゃないですか。よーしやってやろうと。それによって僕らのレベルも全国区になっていったんじゃないかなと思うんですよ。

二宮　秀岳館効果ですね。

坂井　そうです。秀岳館を倒すためにどうしようかと考えますから。

二宮　たとえばどんな戦法を？

坂井　県予選の初めのほうは、全部アウトコースで勝負しようとか。ずっとアウトコースで行って仮に4、5点取られても、うちは8点取ろうというのをやりましたね。それで秀岳館との決勝戦は全部インコース勝負。それをやって僅差で負けたりしましたが、面白かったですよ。相手はこっちの試合を見に来て、データを取って帰るじゃないですか。そこではあえて勝負に行かないということです。僕らは山賊野球、いや足軽野球みたいなものですから。

二宮　要するに、九州学院のバッテリーはアウトコース攻めが本線だと思わせておいて……。

坂井　そうです。完全に秀岳館だけを目標にして、それで負けたら仕方ない。どの道、普通にやったら歯が立たないわけですから。

二宮　相手を攪乱《かくらん》させるために他の試合をわざと違う戦法で勝ち抜くと。

坂井　戦争中で言ったら、僕らはB29相手に竹槍で挑まなければいけない。でも、それが面白いんですよ。もとより歯が立たないのはわかっているけど、そういう相手にでも何とかしようとあれこれやって向かっていく。そうやって相手を慌てさせたりするのが、面白い。それが戦いじゃないですか。もちろん、戦争なら負けたら悲惨だけど、負けても「甲子園、頑張ってください」で終われる。それがスポーツの良さですからね。

「仲間と分かち合いたい」のが村上

二宮　秀岳館とは甲子園をかけて何回戦ったんですか。

坂井　村上が1年の時はうちが勝って、2年、3年の時は決勝でやられましたね。

二宮　村上選手も悔しかったでしょうね。

坂井　それもまた、あいつの今の財産になっているはずですよ。

二宮　3年生の決勝で負けた時、監督を甲子園に行かせたかったと言ったという話を聞きました。

坂井　自分のことよりもチームのこと、仲間にウェイトを置くのが村上です。自分が一番おいしいものを食べたいではなく、おいしいものがあったら、みんなで分けて食べたい。そういう性格なんですよ。試合に出られない選手たちにもいい思いをさせたいと思うから、必死になれる。最後の夏の試合後のミーティングも終わった後に一人だけ残っていて、「先生をもう一度甲子園に連れて行きたかったです」と。その時は号泣ですよ。

　そういう熱い気持ちを中学の頃から持っている子だった、と吉本さんもおっしゃっていました。自分がヒットを打った時より、代打の子が出塁したとか、そういうのをメチャクチャ喜ぶんですよ。試合に出させてもらっている自分が楽をしたらいかんという気持ちを人一倍持っていた。後片付けだって「いいよ、俺がやるから」とか言うのが村上ですね。

二宮　この子はプロに行くな、という予感はありましたか。

坂井　最初にユニフォームを着こなした姿を見て、ああこれはもうプロだなとちょっと思いましたよ。

二宮　ユニフォームの着こなしでわかるものですか。

坂井　いやいや、僕も仙人じゃないですからそこまではわかりませんが、彼はユニフォームの着方が上手でしょう。

二宮 昔、広島に前田智徳選手が熊工から入った時、山本浩二さんが「この子はユニフォームの着こなしがいいから伸びる」と言ったことを思い出しました。

坂井 九州学院は縦縞の元祖みたいな学校なんです。だからユニフォームの着こなしにすごくうるさいというか、やっぱり格好よくあってもらいたい。村上の場合は、入ってきた時からユニフォーム姿がよくて清潔感がある子だったですね。ヤクルトも少し縦縞が入っていますが……。

躾と遺伝子

二宮 吉本さんが村上選手に九州学院を推薦した理由として、理不尽な上下関係がないことを挙げていました。

坂井 うちは全然ないです。時間は2年半しかないのに1年生がビビって能力を出せなかったら、何も消化できないうちに高校時代が終わってしまうじゃないですか。僕らがやっていた昭和40年代なんていうのは、いい選手がバタバタ辞めたんですよ。おかげで僕らでも試合に出られたというのもあるけど、考えたらすごくもったいないことでしょう。

二宮　理不尽な上下関係は九州学院でもありましたか。

坂井　僕らの頃はありました。今だったらイジメでしょうね。いわゆるシゴキです。ボールの数が足りないとか何とか、理不尽な理由もありました。ただ、極端なのは別として理不尽な経験をしておくのも必要だと思うんです。子供が悪さをしても躾《しつけ》も指導もしないで、好きにやらせるのがいい先生じゃないでしょう。そうなったら、学校なんかいらないんじゃないですか。

二宮　その意味で村上選手は家庭でいい躾をされていたんでしょうね。

坂井　僕はそう思います。僕から見ると、村上のお父さんとお母さんはすごく放任主義でフレンドリーな家庭です。お父さんとお母さんもすごく仲がいいです。

二宮　末っ子の慶太選手も素材的には素晴らしいですね。

坂井　大学へ行って下手したらムネに負けないぐらいのパワーがつくと思いますよ。まだまだ骨格が弱くて筋力が足りないですから。ムネは1年の冬ぐらいに成長期が来たんですよ。「先生、膝とかちょっとギスギスするんですけど、休んだほうがいいですか」と言うんで、「いやいや、休まなくていい」と。最後のランニングとかウェイトとかハードなところだけやめればいい。そうじゃないと固まってしまうと思うんですよ。

二宮　成長痛は病気ではないということでしょうか。

坂井 成長の著しい時期でもやれる範囲のことは一緒にやって、最後のハードなところだけ2、3週間抜く。僕はそれでいいと思っています。

二宮 最近は栄養やサプリメントに詳しい選手や親御さんも増えています。

坂井 僕は、勝つために選手の体に特別なものを与えるとかそういうことはしません、親御さんが信用して子供を預けてくれているのに、高校で勝つためにあれを飲めとかこれを食えとかやって何か障害が出たりしたら申し訳ない。だったら、お母ちゃんの飯、寮の飯を食えと。ただ、米をタッパーに3合持ってこいなんて言って無理に食べさせるのも反対なんです。フォアグラじゃないんだから(笑)、体が求めていないのに無理に入れたら、拒否反応が起きると思っています。

川上、江藤、前田、秋山、松中……強打者を生む熊本の伝統

二宮 ところで、九州学院はクリスチャン系ですね。

坂井 プロテスタント系のクリスチャンです。九州学院は1911年、明治44年の創立なんですけれど、熊本の地に青少年の学校を作ろうということで、アメリカの教会が母体になって、アメリカから運んできた材木で洋館の校舎を建てたんです。だから一番最初にで

きたのはキリスト教関係の部活動と敬愛寮と野球部。これが一番最初なんです。

二宮　野球部の自由な雰囲気はそこから来ているんでしょうか。

坂井　戦前の話ですが、安息日の日曜日が決勝戦になってしまって、決勝を辞退したこともあるらしいですよ。今でもうちは日曜日に行事を入れないんです。体育祭も土曜日で延期になったら月曜日にやる。

二宮　坂井さんもクリスチャンですか。

坂井　いえ、仏教です。

二宮　九州学院はたしか昔は男子校じゃなかったですか。ロッテで活躍した園川（一美）投手が甲子園に出た時（1980年のセンバツ）、男子だけの応援団だったような記憶が……。

坂井　あの頃は男子校です。そう言えば『太陽にほえろ』のテキサス刑事をやった勝野洋さんもうちの中等部、高等部から青山学院なんです。青山、西南学院、同志社、立教などに進学する子が多いですね。

二宮　校風はハイカラなんでしょうか。

坂井　どちらかというとハイカラ風。バンカラでは全くないです。

二宮　熊本というと古風なイメージがありますけど……。

坂井 うちは、そういう感じはないですね。熊工や済々黌はバンカラ風ですが。

二宮 質実剛健ですよね。

坂井 あれはあれでもちろんいいと思います。やっぱり熊本工高は二目も三目も置いている学校ですし。川上哲治(巨人)さんから始まって伊東勤君(西武)、前田智徳君(広島)、荒木雅博君(中日)と、それはすごい学校ですよ。

二宮 ご指摘のように、熊本からは熊工の川上さん、前田さん、九州学院卒で巨人で史上最強の5番打者と言われた柳田真宏さん、八代第一高(現・秀岳館高)卒の松中信彦さんといった左の強打者が出ています。

坂井 あとは江藤慎一さん(熊本商高)もそうです。

二宮 右なら名前の出たセパ両リーグで首位打者を獲った江藤さん。それから秋山幸二さん(八代高)、末次さん、荒木さんなど強打者、好打者の宝庫です。

坂井 昔は熊本には少年野球のチームは少なかったんです。だから熊本の子は野球もしましたけど、ある時は相撲、ある時は柔道と、小さい頃はいろいろなスポーツをやっていました。

二宮 武道も盛んですよね。

坂井 特に相撲は盛んでしたね。それと、熊本の中体連(中学体育連盟)が軟式野球の大会が終わった子を陸上の中体連の大会に連れて行ってくれていた。だから野球をやっていた子たちも、野球が終わったらリレーに出たり、幅跳びに出たりと、そういうのを熊本の中体連の先生方が今年までずっとやってくれていたんですよ。

二宮　野球が終わったら今度は陸上だと。

坂井　そうです。ボーイズやリトルで硬式をやっている子たちもそれに出たりして、そこで、あそこに足の速い子がいるとかがわかり、目に止まる。うちは駅伝も強いですけど、サッカーや野球の子が駅伝に出たり、卓球の子が駅伝に出たり。早稲田の競走部でキャプテンをやっていた井川龍人（九州学院卒）も中学時代はサッカー部でした。残念ながら今年（22年）で終わってしまうようですが、中体連の先生たちには本当に感謝しています。

二宮　野球部でもサッカー部でも陸上競技の大会に出られる。この方式は残しておいて欲しかったですね。

坂井　そうです。全国でもそんな環境はまずないですから、あれが熊本のスポーツ全体のレベルを間違いなく上げてきたと思っています。

二宮　先に話に出た秋山、前田、荒木、あるいは巨人の緒方耕一、元阪神の高波文一など熊本出身のプロ野球選手には俊足が多いイメージがあります。

坂井　緒方君なんてメチャクチャ速かったし、秋山君は運動能力自体がすごかった。野球でなくてもバレーとかでもすごい選手になっただろうという話があります。

二宮　日本シリーズでホームランを打ってバック転しましたからね。

坂井　先ほどお話ししたようにどんな運動でも経験できる環境が熊本にはあります。村上も体育の授業でバスケットでもサッカーでも上手にこなすし、水泳もバンバン泳ぎますよ。

二宮　あの体型だと一見、足が遅いように見えますけれど、足も遅くない。

坂井　50ｍは6秒18です。

二宮　立派なもんです。

坂井　盗塁も12個かなんかしたでしょう。

二宮　ランナーに出ても、常に先の塁を狙っているように見えます。

坂井　一塁とホームにはヘッドスライディングするなよと、言ったんですよ。あいつ、一塁に出て牽制で塁に帰る、あれが好きなんですよ。もうユニフォームを汚してお母ちゃん泣かせなんですよ。

二宮　まさに野球小僧！

坂井　だから試合中にベンチの裏に引っ込んで試合を見ないということがない。ずっと試合を見ているでしょう。常に試合に参加していたいんですよ。

村上宗隆選手が通った九州学院高校外観

村上宗隆選手の偉業を祝う看板（九州学院高校の正門付近）

村上に贈った「臥薪嘗胆」

二宮　17年のドラフトは清宮幸太郎（早実→日本ハム）、中村奨成（広陵→広島）、安田尚憲（履正社→ロッテ）など高校生の大物がたくさんいました。村上選手を送り出すにあたり坂井さんが贈った言葉が「臥薪嘗胆《がしんしょうたん》」だと聞きました。

坂井　彼らと村上の一番の違いは経験。これは全く違っていました。大観衆の中、世界大会の経験とか、そこの差は大きくてマスコミ対応からして全然違った。だから僕は「彼らはライバルじゃないぞ」と、あの子に言ったんです。高校時代は彼らを目標にしてライバルと言ってもらうなら、ありがたい話だ。しかしプロ入りを決めた以上、ライバルは彼らじゃない。これから入るチームには自分より年上の人たちがいて活躍しているわけでしょう。5歳上、10歳上、青木選手なら20歳近く上ですからね。まずはそういうチームの先輩たちを抜かなければ試合に出られない。俺はまだ10代だからと思っていてはダメだと。今度は自分より下の選手がどんどん入ってきて、ダメな選手はトコロテンみたいに押し出されていくわけですよ。だから、いつまでも高校時代の同期がライバルとか言っているのは、全然違うと。

二宮　本人は自らのことを客観的にどう見ていたのでしょう。

坂井　ドラフトの時点で俺のほうが勝っているなんて、少しも思っていなかったと思います。むしろ負けていると思っていたからこそ、絶対負けないようにやるぞという思いだけだったと思いますね。だから頑張れたんじゃないですか。

教え子対決になっていたかもしれない最終打席

二宮　教え子でプロに行った選手は何人ぐらいいますか。

坂井　14人です。

二宮　村上選手は〝出藍の誉れ〟と考えていいんでしょうか。

坂井　そりゃあ、あれだけの結果を残した今となっては別格の存在ですね。プロの声がかかった子の中には今、プロに行ってもきついよと言って、大学や社会人に送り出した子も結構います。プロへ行っても2、3年で終わって帰って来るより正解だったと、彼らは言ってくれますけど。

二宮　吉本亮さんは98年のドラフト1位（福岡ダイエー）ですよね。

坂井　そうですね。彼の一つ下の高山久（現・西武打撃コーチ）もプロに行きましたし、現役選手だと中日の溝脇隼人、阪神の島田海吏、横浜の吉野光樹と伊勢大夢などがいます。

二宮　伊勢投手は2020年のシーズン、39ホールドをマークするなど中継ぎで大活躍でした。

坂井　良くなったですね。伊勢が3年の時の1年が村上です。

二宮　伊勢投手は高校時代から速かったんですか。

坂井　当時はそんなに速くなかったですよ。彼は明治大学の善波《よしなみ》（達也）監督の下で育ったんですよ。島田も上武大学へ行って谷口（英規）監督の下で伸ばしてもらいました。僕が全てできるわけじゃなくて、ここまでしかやってないから、後は頼むよって大学に預けるんです。

二宮　それだけいると、教え子同士の対決で気を揉むこともあるんじゃないですか。

坂井　一番心配したのは、村上が2022年の最終打席、ベイスターズ戦（10月3日・神宮）で56号を打ったじゃないですか。あれを「美談で終われよ、終われよ」と思って見ていました。というのは、入江投手が56号を打たれた2人後に投げていたのが伊勢なんですよ。あの時、ヤクルトにもう1本ヒットが出ていたら最終打席の56号じゃなくなって、伊勢との勝負になっていたんです。だからもう「回るな、回るな」と祈っていました。

後で伊勢に「あの時、どう思ってた？」と聞くと、「いや、回って来るなよって僕も思いました」と。でも、打たれた入江君も全力投球で向かっていった。打ったほうも打たれたほうもプロだったなと思いますよ。「もし回って来たら、ストレートだけで勝負したか?」と伊勢に聞いたんですよ。「はい、しました」と言ったので、「嬉しいよ。全力で向かっていって抑えるのがプロだぞ」と。

二宮 伊勢だったら先輩後輩の対決になっていた。監督としては複雑ですよね。

坂井 どっちを応援しますかってよく聞かれるんですが、「そりゃあ村上のほうでしょう」といつも答えるんです。もちろんエコヒイキではなく、意味が違うんですよ。伊勢は明治大学に行ったから九州学院の同窓生だけじゃなく、明大OBにも今の野球部にも応援してくれる人がいるじゃないですか。村上は高校から行っているから、同窓生や仲間が高校しかいないんですよ。だったら6対4で村上を応援すると。いい悪いじゃなくて、フィフティ・フィフティではバランスがとれんでしょう。

二宮 九州学院の先輩も大学出が多いから、少しは村上の味方になってやらんと、ということですね。

坂井 そうですよ。

二宮 それも親心ですね。

坂井 伊勢と村上は仲がいいですから。甲子園の時も村上が電話してきて、「良かったですね、勝って。伊勢さんと電話でお互いにテレビ見ながら、ずっと応援してました」と言っていましたから。

メジャー願望は当然あるはずだが……

二宮　村上選手の大きな特徴として反対方向に大きいのを打ちますよね（56本塁打中18本がレフト方向）。あれは高校に入った時からですか。

坂井　いやいや、今は軸がしっかりしていて、さっき言ったボールを捉えるポイントがしっかりしている。それと目付けがアウトコース寄りだからじゃないですかね。だからインコースは引っ張らず、うまい具合に肘を抜いてボールを払っているでしょう。だから大きいファールがないですよね。

二宮　確かにそうですね。

坂井　インコースに対して肘がきれいに抜けるのは天性ですね。

二宮　何かコツを教えたわけではない？

坂井　内側は払って打てと。元々それができる子でした。高校生だとほとんどインコースにきっちり投げられる子はいないんですが、村上はインコースが好きなんですよ。インコースと左ピッチャーが好きなんです。

二宮　確かに左からよく打ちますね。2022年は対右投手が305で、対左投手が346でした。

坂井　村上は調子が悪くなってきたら、ずっと左ピッチャーに投げてもらって、体が開かないように、開かないように練習するんです。左ピッチャーからよく打っていると思いますが、フォームを修正する時に左ピッチャー相手にやっていましたから、左が苦にならない。ただジャイアンツの大江（竜聖）君とか高梨（雄平）君とか。ああいう変則タイプがワンポイントで来られたら、これは大変ですよね。

二宮　ボールが背中のほうからきますからね。

坂井　でも左は好きですから、3割以上打っているんじゃないですか。

二宮　本当に左からよく打ちますよ。松井秀喜さんも最初は左が全く打てなくて、努力してだんだん打てるようになった。村上選手は克服のスピードが速いですね。

坂井　レフト側のフェンスだって越せばホームラン。うまく打てば逆方向のほうが飛びますよね。

二宮　近年で言えば、エンゼルスの大谷翔平選手も反対方向に飛ばしますが。坂井さんの印象は？

坂井　直接見たことはないですけど、大谷君はまた別格、規格外ですね。それと大谷君を見ていて思うのは、あの野球に打ち込む姿勢ですよ。ＷＢＣなんかで一緒に戦えれば村上もいい勉強になりますね。ありがたいですよ。

二宮　この前、村上と岡本和真（巨人）、鈴木誠也（カブス）、吉田正尚（レッドソックス）と、４人で食事会があったという記事を目にしました。どんな情報交換をしたのか知りませんが、村上選手もメジャーリーグを視野に入れていることがわかります。

坂井　間違いなく向上心だらけの人間でしょう。ただメジャーというのはタイミングだと思うんですよ。おそらく、そういう願望は持っていても、時期が来るまで口には出さないでしょう。順調にいけば、いずれお世話になっている球団との話し合いも当然あるでしょうし。

二宮　今度、３年契約を結んだみたいですから。

坂井　それが終わる時に25歳でしょう。おそらく球団もそういう年齢的なことも考えて下さっているとしたらそれはありがたい。そこまでケガしちゃいかんなと。

両親の躾のたまもの

二宮　村上選手からは節目節目で連絡はあるんですか。56本打った時とか。
坂井　56本とかじゃなくて、これからシーズンに入ります、契約しました、優勝しました、今年の試合は全部終わりました、とかそういう連絡はきちんとしてくる子ですよ。
二宮　やはり礼儀作法がしっかりしているんですね。
坂井　あれはお父さん、お母さんの躾だと思いますよ。僕はいつも言うんですけれど、子どもが幼稚園の先生に叱られて「友達とちょっとこうしとったら怒られた。なんで?」とブー垂れているのを、「それはあんたが悪いんでしょう。先生が叱ってあんたにそれを教えてくれるのはありがたいんよ」と、親にそんなふうに言われて育った子はすごくやりやすいんです。ありがたいことに村上の両親は、「うちの子はこうで……」とか絶対に言わない。全部、先生に任せていますと。そうは言っても任せきる親はなかなかいませんよ。
　村上だってちょっと理不尽に感じることがあると感情的になることもありますよ。「こんなのできないでしょう」って言ったり。それは高校の時だけじゃなくヤクルトでもあったと思うんですよ。でもその後、不満を言った自分を反省して「先生すいませんでした」

と言える。素直に「ごめんなさい」「すいません」を言える子なんです。そういう心が育ったのは、ご両親のおかげだと思いますね。

二宮　最近はクレーマーみたいな親も結構増えているそうですね。

坂井　村上の両親は本当に何も言ってこなかったし、最後の進路相談の時も「先生が一番見ていただいていますので、宗隆と先生で決めてください。私達はそれに従います。先生が大学と言われるなら大学、社会人なら社会人、プロと言われるならプロ、私たちにはわかりませんから」というようなことをおっしゃっていました。

二宮　ところで、プロのスカウトは全球団来たんですか。

坂井　挨拶には一応、全球団来ました。ドラフトは村上以外の選手で行くと決めたところは、それ以上の調査には来なかったですけど。

二宮　ヤクルトは清宮に行って外れて村上の1位指名でしたけど、そういう意向は聞いていましたか？

坂井　いえいえ、ヤクルト以外でも外れたら行きますなんて全く聞いてない。ヤクルトが来るとも思わなかったです。

二宮　上位で行きますとか、指名しますから、といった言葉はあったんでしょうか。

坂井　いやいや、何も言われてないですね。逆にある球団は、「先生、うちは補強ポイントがキャッチャーじゃありません。1位はやはりピッチャーで行きます。村上君は1巡目で100%消えるでしょうから、たぶん先生、うちはないと思います」と正直に言ってくれましたけど（笑）。

二宮　それは正直ですね。逃した魚は大きかったと思っているでしょうけど（笑）。

坂井　わざわざありがとう、ですよね。ただ「うちは行きますよ」と言った球団は一つもないです。

器用貧乏な選手にさせない

二宮　ヤクルトでは最初からキャッチャーではなく、内野手で使われたわけですが、坂井さんはどう見ていましたか？

坂井　僕はキャッチャーだと思っていたんですよ。リードも頭の回転が速いし、周りも見える子ですから、キャッチャーでいくのが面白いかなと思ってはいたんですけどね。最初はサードなんかやったことないのにどうかなと。サードがダメならファースト、ファーストやってダメなら外野ですか。でも、そのへんは全部助っ人が入るところじゃないですか。

二宮　そうですよね。キャッチャーなら外国人とポジションがかぶらない。

坂井　周りも見えるから、城島（健司）君みたいに打てるキャッチャーになったらいいなと僕は思っていたんです。

二宮　でも、あれほど打てば、今からキャッチャーに戻ることはないでしょう。

坂井　いえ、今からでも大丈夫でしょう。

二宮　そうですか。村上がどういうリードをするか、確かに見てみたい気もします。キャッチャーの三冠王なら野村克也さん以来ですか。

坂井　周りが見えるから、いい意味で、結構うるさいキャッチャーになりますよ。

二宮　キャッチングはどうですか。

坂井　うまいですよ。

二宮　キャッチングも肩もいい。おまけに頭もいい。

坂井　それに、あいつは器用ですもん。だから僕が心配したのは、こじんまりした器用貧乏にならないようにと。たとえば仏像彫刻なら、きれいで小さくまとまった仏像を作るのではなく、いろいろくっつけて形が悪くなってもでっかい仏像を作ってやろう。僕はそう思ったんですよ。

二宮　大仏ぐらいでかいのを。

坂井　そうそう。下手をすれば、何でも器用にこなすけどスケール感のない器用貧乏な選手になってしまう危険性がありましたからね。それぐらい器用です。だから小手先で野球をやることをすごく注意しました。ボール球に手を出すなとは言いましたよ。ボールに手を出さないでしょう、彼は。

二宮 そこはかなり注意されたんですか。

坂井 その点はすごく言いましたね。「打ちたい、打ちたいとボール球でも追いかけると、相手の術中にはまるぞ」と。ストライクが来るのを待って待って、来なかったら黙ってバットを置いて歩けって。

二宮 最近になって選球眼の良さが際立っています。慌てたり、焦ったりする姿を本当に見なくなりましたよね。ホームランが出なくなると、少々のボール球でも打ちたくなるのが強打者ですが、ちゃんと見極めて一塁に歩いている。

坂井 それも（チームへの）貢献だと、よく言いました。塁に出てホームに帰ってくれば、打たなくても貢献だし、それも4番の仕事だと。

二宮 4番打者としての帝王学ですね。

坂井 いや、1年生の時だけ4番で、あとは3番を打たせたんです。

二宮 それは敬遠を避けるため？

坂井 高校野球は9イニングしかないトーナメントだから、初回に一番いいバッターに打順が回ってきたほうが有利というのが僕の考えなんです。だから一番いいバッターは2番か3番を打たせたいと。

二宮　米国流ですね。

坂井　3番までに置かなかったら、初回に出番が回ってこないでしょう。

二宮　3人ともアウトになったら、最初の打席は2回になる。しかもランナーのいない先頭打者。

坂井　2回の1番バッターになってしまう。それはもったいないということで、うちの主軸は3番に置いていた。村上の場合も1年の夏までは4番ですが、そのあとはずっと3番を打たせました。

二宮　トーナメント制の高校野球では相手より先に点が欲しい。3番最強説を唱える高校野球の監督は少なくありません。

坂井　3番に主砲が入ると、初回に1番が出塁すれば2番が送って3番が打てばいいし、2番が出塁すれば走らせて3番が打つとか。ランナー一塁でも長打1本で帰ってくることができる。初回からいきなり敬遠はないでしょうし。

二宮　強肩の村上選手は、ピッチャーはできるんですか？

坂井　性格的にあまりピッチャーは好きじゃないと思います。彼は世話好きな性格なんですよ。下級生が忘れていったグローブを持って届けに行くとか、そういうのが全く苦にならない性格ですから。

二宮 気がつくタイプなら、まさにキャッチャー向き。女房役ですね。

坂井 あの子によく言ったのは、村上家では次男坊でも、ユニフォームを着たら長男にならなきゃダメだということです。兄ちゃんが失敗して怒られているのを見て、兄ちゃんが怒られたから失敗せんようにやらないかんと思ったり、お母さんが弟ばかり可愛がるのを見てひがんだりとかしたらダメだよ。ユニフォームを着た時は長男になれと。長男として下の子面倒を見て、ユニフォームを脱いだら次男坊に戻れと。誰かが怒られているのを見て要領よく立ち振る舞うんじゃなくて、お前が怒られろと。そういうことを言いましたね。逆に、そういう気持ちが強く出すぎるところが、3年生になってキャプテンを任せた時にちょっと出ましたね。負担を自分で負いすぎたんでしょうね。

二宮 それだけ責任感が強いんですね。

坂井 強いです。マネージャーに負けないぐらい一番早くグラウンドに来て、準備したりしますから。「上級生が一番仕事できなかったら、上級生じゃないぞと。会社も部長さんや課長さんが仕事しないで新入社員ばかり働いているような会社は潰れるぞ。グランド整備も掃除も下級生にばかりやらせて、オマエらなんで遅いんだって言っているような上司がいる会社は潰れるぞ」と言ってきましたから。だからグランド整備でも上級生がやるし、キャプテンでもトイレ掃除をします。

二宮　上下関係はないと。

坂井　ケジメはあるけど、上下関係はないです。村上のことを下級生で「村上さん」と呼ぶ選手はいなかったと思いますね。「ムネさん」「おお、なに？」という感じです。

二宮　いい雰囲気ですね。

坂井　それはもう、僕らが育った昭和の美学みたいなことをやっていても今の子供たちには通用しませんよ。ケータイはダメだと、僕もそう言って禁止していた時期がありましたけど、村上が1年の正月を迎えた時から解禁しました。なぜかと言えば、こんなことをやっていたら、この子たちは時代から取り残されてしまうと思ったんです。大学に行っても社会に出ても、パソコンができなきゃ通用しない時代に子どもたちを浦島太郎にしたらいかんと。

もちろんケータイ解禁の弊害はありますけど、それはもう親の責任でお願いしますと。親御さんたちを呼んで、何かトラブルが起こっても学校や部に持ってこないで、どうするかの責任は親御さんが持ってください。やるのもやらないのも親の責任でお願いします、と。ちょうど許可した年の4月に熊本の大震災が起こった。だからスマホですぐに安否確認ができたんですよ。

二宮　ＳＮＳというのは使い方次第で、中には誹謗中傷とかいろいろあるでしょうけど、遠ざければ却って問題の所在がわからなくなってしまう。

坂井　そうなんです。これダメ、あれダメと言ったら、ダメなものほどやりたくなるものでしょう、子どもたちは。だから親の責任でと言ったんです。

二宮　昔は問題が可視化されていましたが、ＳＮＳの普及により、今は見えにくくなっているような印象を受けます。

坂井　昔のガキ大将は言ってみればヤンチャ坊主じゃないですか。俺の近所の子をいじめたから俺が守ってやるとか、そういう感じでしょう。今はワルとヤンチャを一緒にしてしまったというか、本物のヤンチャがいなくなった。ただ、そうやって時代は変わっていくのに、僕ら指導者が一番勉強が遅れているような気がするんですよね。昔はこうやって怒っていたとか言っても通用しない。怒り方を変えていかなきゃいけない。とにかくやれと強制していたのを、今はできなかったらこうなるよとかいう説明もいるだろうし、やらないのなら違う方法を勧めたりとか、工夫が必要な時代です。

ブレイクダンスやスケボーをする子は不良だとレッテルを貼られていましたが、彼らの努力たるやすごいですよ。

二宮　東京五輪ではメダルラッシュ。日本のティーンエイジャーの素晴らしさを世界に発信しました。

坂井　1つの技を身につけるために、どれくらい時間を費やし、どれぐらいコケてるんだと考えたら、すごいことですよ。ああいう努力を学ばなければダメですよね。

二宮　高校野球もスケボーに学べと?

坂井　あれを認めない指導者のほうの進化が遅いんじゃないかなと思いますね。

要領の良さは天下一品

二宮　ところで、村上効果もあって県外からも九州学院で野球をやりたいという子どもが増えているんじゃないでしょうか。

坂井　少しは来ているようですね。うちはフリーですから、県外から来る子でも障がいを持った子でも試験を受けて合格すれば受け入れます。だいぶ前に、体に障がいのある子が入ってきた時、エレベーターを作ったんです。だから車椅子の子たちもいます。

そういう生徒たちと接するのは普通の生徒たちにとってもいいことなんですよ。まだエレベーターがない時代、障がいを持った車椅子の生徒が入学してきた時には、朝、お母さんが送ってこられたら、朝練の野球部や陸上部の子が迎えて、お母さんが車から降ろしたところからその子を運んでいく。教室に入るのが他の生徒たちと同じ時間だと危ないですから「オマエら、教室に5分は遅れてこいよ」と。そういうことも子どもたちの勉強になるし、その子をすごく大事にするようになる。いい教育にもつながるんです。

二宮　ところで、アスリートクラスはいつからできたんですか。

坂井　20〜25年ぐらい前かな。

二宮　1クラスですか？

坂井　2クラスです。運動もやって同志社に行きたいとか、慶應に行きたいとかいう子たちもいますから。村上はそっちのクラスではないですけど、勉強ができないわけじゃない。単位も取るものはちゃんと取っていますから。そういうところは計算して要領よくできるから、たぶん追試を受けたことはないと思いますよ。

二宮　何をやっても要領がいいんですか。

坂井　はい。そこは天下一品ですよ。

二宮　賢いんですね、やっぱり。

坂井　こっちが心配して聞くと「大丈夫です、僕、ちゃんと取っていますから。余裕です」と言っていましたよ。

二宮　勉強もやればできるけど、単位さえ取れればいい。自分は野球で生きていくという感じだったんでしょうね。

坂井　たぶんそう思っていたと思うんです。最低限のことはやらないと進級や卒業ができないですし、追試を受けていたら練習ができなくなるというのもあるから、そこは要領よく。

二宮　追試のほうが優先なんですね。

坂井　当然そうです。だから普通の高校なら選抜大会へ出たりすれば沖縄や白浜でキャンプをしたり、公立高校でもやりますけど、うちはそういうことは一度もやったことがない。すべてカリキュラム通りで、そういう融通は全くきかない。野球部は特別だからっていうのが、全くないんです。

二宮　テストでも野球部だけ少し下駄履かせてとか、そういうこともないんですか。

坂井　うちはないですよ。寄付を集めて残ったら他の部に分けますから。

二宮　それもキリスト教の慈悲の精神ですか。

坂井　いやいや、部費が足らないからですよ（笑）。野球部で残ったお金は学校に基金として全部集めます。野球部が持つとかOB会が持つとかもありません。

二宮　野球部は人数も多いし遠征も多い。一番お金がかかるのでは……。

坂井　そこは辛抱です。授業料や入学金もかかりますから、生徒たちの試合用のユニフォームなどはほとんど野球部持ちでやっているんですよ。甲子園に行った時に多めに作ったりしたのを貸し出していますから、自分の練習用だけ自分で買ってもらうことにしています。

二宮　経済的に厳しい家庭のお子さんもいますよね。

坂井　奨学金を利用するのはもちろんですが、上級生が下級生にジャージからユニフォームから全てあげて卒業していくんです。着ているものの名前が本人と違うことも多いし、みんなメッチャ仲いいんですよ。

二宮　なるほど。いい意味で上意下達の体育会系的ではないということですね。

坂井　そうです。さっき言ったようにケジメ以外の上下関係もないし、うちはキャプテンよりマネージャーが上。マネージャーは裏方じゃなくて主力だからとよく言っていました。選手の代わりはいますが、マネージャーはいませんから。僕が決めたことをマネージャーが選手に伝えるんですが、村上のように騒がれている選手だったら、多少わがままを聞くこともあると思うんです。でもうちのマネージャーは一切聞かないです。

二宮　監督代理ですね。

坂井　監督と選手の間に立つような感じですね。こちらからの一方的な伝達ではなく、選手からバットが割れそうだと聞けば、「先生、バットがもう老朽化しています。危ないので」とか「ピッチャーが、試合が近くなってきたので新球で投げたいと言っています」とか僕に言ってくる。僕は「ああ、わかった」と、そういう感じです。

二宮　そういう大事なマネジメント業務は、一番しっかりした子じゃないとできないですね。

坂井　大学からは選手ではなく「おたくのマネージャーを送ってください」とよく言われますし、就職もいい。だからマネージャーは補欠じゃないんです。野球で挫折した子ではなくて、最初からマネージャー志望で来る子も結構いるんですよ。

二宮　今、部員は何人ですか。

坂井　3学年で70人くらいですかね。

二宮　来る者は拒まずの方針ですか？　強豪校の中には野球部に入りたい子がいても、入れないところもあると聞きました。

坂井　うちは純粋に高校の部活動です。そういう学校がエリート校と試合する。それも面白いじゃないですか。僕は目的と目標を分けていますからね。目的は人間づくりと体づくり。体だけじゃなくて心も作らなきゃいかんで、というのが目的です。試合に出られなかったらさっさと辞めて勉強したほうがいい、というんじゃなくて、何のために野球を、部活をやるのかと言えば、やっぱり自分を鍛えるため。それが目的だって話しています。そして、目標は僕らみたいな学校でも全国制覇、甲子園に出るだけじゃなく全国制覇を狙うぞと。これは夢だから持っていていいんだよ、と言っています。

夏が終わった後も練習に来ていた村上

二宮　3年生の夏の大会で負けた後の村上選手は、どのように過ごしていたんでしょうか。

坂井　村上たちは夏が終わった後も、練習に来ていましたよ。新チームをつくるから3日間は来るなと言ったんですが、その後はずっとグラウンドに来て体を動かしていましたね。僕は大学や社会人、プロに行く連中は練習に来いと。お世話になる所にブクブクになって行くのは失礼でしょう。みんな、それでケガもしますし。村上は自動車学校も行かずに一緒に練習をやっていたから、大きくはなったけど、太ってないんです。ヤクルトの新人トレーニングでも最初からガンガン行けたんですよ。そういうのを見ていても、真っ直ぐな子ですよ。

二宮　3年間で野球を辞めたいとか休みたいと言ったことは一度もなかったですか。

坂井　ないですね。うちは練習時間が短くて、4時半から練習始めて7時半には終わるんですよ。終わったら30分で片付けをして8時には帰すんです。熊本で勝ちたかったら野球で一番を狙う前に、まず野球以外で一番を作ろうよと。日本一を目指すのなら、グラウンド整備でも挨拶でも飯を食うのでもいいから一番になろう、練習終わって日本一早く帰る学校になろうと言って、どんどん早く帰したんです。

二宮　なるほど。日本一早く家に帰れる学校になれと？

坂井　それだったらできるでしょう。僕らの頃は3年生がなかなか帰らないから1、2年生も帰るのが遅くなる。そんなの時間の無駄でしょう。だからうちは1年生からどんどん帰ります。

二宮　10時、11時頃までやっている学校もあるようですが。

坂井　うちは9時ぐらいには家に着いているのが基本。それなら家に帰ってからでもバットも振れるじゃないですか。自分で振るのが一番伸びると思うんです。遅くまで学校でやったら、後は帰ってくたびれて寝るだけでしょう。

二宮　自分でやるよりやらされた練習になってしまう。

坂井　満腹ではなく、腹八分で切り上げるのがコツじゃないかなと僕は思うんですよ。

二宮　村上選手は一日1500スイングはしたという話ですが、それは家に帰ってからの数も含めてですか？

坂井　家でも振ったでしょうけど、練習中だけで1000以上は振ります。たとえばティーバッティング15本連続を10セットやったら、それだけでも150でしょう。バッティング練習の種目を変えて5種目やったら、それだけで700〜800。順番を待っている間に素振りしたりしていたら1000ぐらいはすぐにいきますよ。

二宮　なるほど、効率がいいですね。働き方改革ならぬ、練習改革ですね。順番を待っている時間は無駄だと？

坂井　野球はそれが多いんですよ。バッティングケージの後ろで順番を待っている時間がもったいないでしょう。だったらティーをやったり素振りしているほうがいい。そういう無駄を詰めていったら2時間半ぐらいしか練習できない。それ以上やるのは、監督の自己満足でしょう。練習終わりのミーティングも僕はしません。練習中に呼んで話すんですよ。「はい、集合」と言って、「今のはお前のミス、なぜバックアップいっていないんだ」とか。野球は1回の表裏、18コマに分かれているでしょう。だったら練習中もずっと試合と同じようにスパスパッと切ってやったほうがいい。前後半でやるスポーツとは違って、半分はベンチに座っているわけでしょう。そこが他のスポーツと野球が全然違うところで、そもそも他の競技はボールやシャトルがリングやゴールに入るか床につくかで点が入るのに、野球は人が（ホームに）入らなければ点にならないところからして特殊なんですよ。

松岡弘の眼②――村上宗隆をどうやって攻略する？

ヤクルトのレジェンド・松岡弘さんをして「王（貞治）さんよりも怖い」と、言わしめた村上宗隆選手。落合博満さんの28歳を大幅に更新する史上最年少での三冠王を手にした22歳を松岡さんならどう攻めるのかを、王さんに並ぶ55本塁打を達成した直後に聞いてみた。

――興味深いデータがあります。55本の打球方向ですが、村上選手の場合、レフトに9本、左中間に9本、センターに13本、右中間に8本、ライトに16本。文字通りの〝広角ホームラン〟です。翻って王さんはレフト方向に3本、センター方向に3本、ライト方向に49本と引っ張り専門です。

「村上の場合、軸を中心にバットを目一杯振り回す力を持っているから、外角のボールでもレフトスタンドに叩き込むことができる。技術的に言うと、トップの位置がピタッと決まっているから、大きく踏み出しても軸がブレない。だから打球が（ポールの左に）切れていかないんだと思います」

――王さんが外角のボールをレフト方向に運んだというホームランは、あまり見たことがありません。松岡さんも、ほとんどライトスタンドに打たれていますよね。

「確かに外角ぎりぎりに決まったボールをレフトスタンドに運ばれたという記憶は、ほとんどないね。加えて言えば、王さん自身、レフトのホームランはホームランじゃない、と思っていたんじゃないかな……」

――それは、どういう意味ですか。

「これは実際に本人から聞いたことがあるの。〝王さんは、なぜレフトに打たないんですか?〟と聞くと〝それだけは絶対にしない!〟って。王さんは〝それをやったらファンが許さないよ〟って言うんだよ」

――当時は右打者がライトに打つ、あるいは左打者がレフトに打つと〝流し打ち〟と呼ばれ、技巧派のバッターがそれをやるイメージがありました。強打者は引っ張り専門で、左打者ならライトスタンド、右打者ならレフトスタンドにアーチを架けるのが、その証明と見なされていました。「日本一きれいなホームランを打つ男」と佐々木信也さん（高橋→大映→大毎）が評した田淵幸一さん（阪神→西武）のホームランも、ほとんどがレフト。そのイメージを変えたのは落合博満さんかな、と思います。

「確かに、そうかもしれないね。王さんだってね、レフトに（ホームランを）打とうと思えば打てたと思うんだ。しかし、ファンがそれを許さなかった。と同時に、自分のプライドが、それを許さなかった。反対方向に流し打ちをしていたら、何のための一本足打法かわからなくなっちゃうからね」

——話を村上選手に戻しますが、彼はパワーだけではなく率も稼げる。目下、打率3割3分7厘、55本塁打、132打点でセ・リーグの三冠王です(9月15日現在)。もし松岡さんがマウンドに立っていれば、どんなコース、どんなボールで勝負しますか。

「僕ならど真ん中の真っすぐだね(笑)」

——〝飛んで火にいる夏の虫〟になりませんか(笑)。

「いや、僕の経験上、いいバッターほど、ど真ん中の真っすぐが打てないんだ。あの長嶋茂雄さんも〝ど真ん中に放ってくるピッチャーは本当に嫌だ〟って言ってたよ(笑)」

——昔、落合さんに広島時代の川口和久さんがど真ん中に投げたところ、あっさり見逃し三振。「オレはド真ん中のボールを打つ練習はしてない」と呆れ顔で語ったという逸話が残っています。

「そうなんだよ。意外に盲点かもしれないね。逆に言えば、それだけ投げるコース、投げるボールがないってことでもあるんだけどね」

——松岡さんの18年間の現役生活で、村上選手に最も似ているバッターを、あえてあげるとすれば……。

「僕はヤクルトで一緒にプレーした大杉勝男さん（東映・日拓・日本ハム→ヤクルト）だと思う。右と左の違いはあるけれど、まず体型が似ている。それに大杉さんというとパワーヒッターのイメージがあるけど、意外に器用なんだ」

――大杉さんは通算486本塁打（歴代9位）、通算打率も2割8分7厘と、鈍足の右打者としては、かなりのハイアベレージです。打率も3割台の常連でした。太い胴を軸にバットを〝ブルンッ〟と一振りするという印象があります。東映時代、飯島滋弥コーチが授けた「月に向かって打て」というアドバイスは、今も残る球界の名言です。

「村上はちょうど大杉さんを左にしたような感じだね。苦手なコースがなく、どんなボールにも対応できる。それに見た目以上によく走る。大杉さんなんて、二盗に成功するとセカンドベース上で飛び上がって喜んでいたからね。ああいう茶目っ気も、ちょっと似てるよね」

川口和久の眼――村上を攻略するには……

２０２２年に行われた17回目のセ・パ交流戦は、東京ヤクルトが４年ぶり２度目の優勝を飾った。勝率は18試合制となった２０１５年以降で最高の７割７分８厘（14勝４敗）。パ・リーグ６球団すべてに勝ち越す〝完全優勝〟の立役者となったのが、昨季のセ・リーグＭＶＰで５年目の村上宗隆選手だ。

村上選手は、交流戦全試合に「４番・サード」でフルイニング出場。打率３割５分１厘（全体４位）、６本塁打（同２位タイ）、13打点（同８位タイ）の好成績を残し、球団初となるＭＶＰにも選出された。

打撃３部門の成績もさることながら、チームの勝利を手繰り寄せた計５本の殊勲打が村上選手の勝負強さを証明していた。殊勲打の内訳は、逆転打が３本と勝ち越し打が２本。僅差の勝利に貢献した。

掉尾を飾ったのも村上選手だった。６月11日、敵地でのソフトバンク戦、勝てば交流戦優勝が決まる試合は１点ビハインドで６回表を迎えた。シングルヒット３本で２死満塁。マウンドには３番手の嘉弥真新也投手。昨季まで５年連続で50試合以上登板の実績を誇るタフなサウスポーである。

優勝を決める一発が飛び出したのは、フルカウントからの7球目。丁寧にコーナーを突いていた嘉弥真投手のスライダーが、甲斐拓也選手が構えるミットよりも少しだけ内側に入った。いつもの柔らかいスイングに乗せた打球は、弾丸ライナーで右翼ホームランテラスに突き刺さった。

「ああいう（実績のある）左ピッチャーから打てたということは、すごく嬉しかった」。村上選手自身、成長を実感する一発だった。

周知のように村上選手は、18年に熊本・九州学院高からドラフト1位でヤクルトに入団した。２年目に36本塁打、１２０試合制の3年目にも28本塁打を記録。チームが日本一に輝いた4年目の昨季は、打率２割7分8厘、39本塁打、１１２打点の大活躍でシーズンＭＶＰに選ばれた。

現在はサードを本職としているが、中学・高校時代のポジションはキャッチャー。入団後すぐに、「捕手よりも出場機会が増え、打力が生かせる」（小川淳司監督）というチーム方針によりサードに転向した。

あるセ・リーグ球団の九州担当スカウトは、本塁打量産の要因を、「高校時代のキャッチャー」に求める。

「村上選手のバッティングが良くなったのは、（高校）2年生から3年生にかけての時期。ちょうど新チームになり、ファーストからキャッチャーに転向したタイミングです。守備でフットワークを使うようになったことで、バッティングでの足の運びも良くなった。それまでは一、二塁間を抜けるようなヒットしか見たことなかったのですが、ちょうど（視察の）解禁日に見に行くと、打球に角度がついてボーンと上がるようになっていた。これには驚きました」

捕手出身の強打者といえば、近年では小笠原道大さん（北海道日本ハム→巨人→中日）や和田一浩さん（西武→中日）の名前が思い浮かぶ。小笠原さんはプロ入り3年目に一塁手、和田さんは6年目に外野手に転向した。さらに時代を遡れば、江藤慎一さん（中日→ロッテ→大洋→太平洋→ロッテ）、松原誠さん（大洋→巨人）、衣笠祥雄さん（広島）ら往年の強打者も捕手出身である。

話を村上選手に戻そう。今や無双とも言える強打者を封じるには、どんな手があるのか。現役時代、落合博満さんや松井秀喜さんらと斬るか斬られるかの勝負を演じてきたサウスポーの川口和久さんに聞いた。

「重要なのは、どの球種でファーストストライクを取るか。僕なら120キロ手前くらいの変化球で入ります。なぜなら長距離砲は、いきなりカーブを投げられると、まず手を出してこない。精神的にも優位に立てます。また、落合さんがそうでしたけど、バットがレベルで出てくる選手は高めのフォーシームが意外に苦手。村上選手もそのタイプです。最後はストライクゾーンからボール1個から1個半高めのフォーシームで勝負したいですね」

問題は、そこにきちんと投げ切れるか。無双ぶりに拍車のかかる村上選手は、まず失投を見逃さない。初球に緩い変化球でストライクを取り、威力のある高めのフォーシームできっちり勝負できる投手が、今のプロ野球に果たして何人いるのだろうか。

名伯楽・内田順三の言葉——「村上はまだ発展途上」

劇的な幕切れにスタンドが沸いた。2022年9月25日、東京ヤクルトが本拠地で横浜DeNAを1対0でサヨナラ勝ちし、リーグ連覇を果たした。

試合を決めたのは、ドラフト2位ルーキーの丸山和郁選手だった。野村克也監督が率いた1992、93年以来、29年ぶりとなる連覇の立役者は、言わずもがな5年目の村上宗隆選手である。

「シーズンの中で凄く色々なことがあり、勝つ日もあれば負ける日もあって、打てる日もあれば打てない日もある。その日その日、その1打席1打席で感情が出てしまうので難しいところがあるのですが、こうして最後にみんなで喜びを分かち合える瞬間が素晴らしいです」

試合後に行われた優勝記者会見で、村上選手は晴れやかな表情でペナントレースを振り返った。前年も「4番・サード」でチームの優勝に貢献し、リーグMVPに選ばれた22歳は、さらなる飛躍を遂げた。NPB史上初となる5打席連続本塁打に、史上最年少での通算150本塁打。9月13日には王貞治さんに並ぶ日本人登録選手最多のシーズン55本塁打も記録した。さらにはこの時点で、落合博満さんの28歳を大幅に更新しての最年少三冠王も射程に捉えていた。

しかし、ここからが〝産みの苦しみ〟である。55号を放って以降、村上選手はノーアーチが続いた。怪物と言えども人の子だった。

この苦境から脱出するには、どうすればいいのか。打撃コーチとして松井秀喜さんや清原和博さん、鈴木誠也選手（カブス）ら、多くのスラッガーから信頼を得てきた内田順三さん（ヤクルト→日本ハム→広島）に話を聞いた。この人なら打開策を持っているのではないか、と考えたからだ。

「（今の不振は）投手がバッティングを崩そうとしている結果」

内田さんは、村上選手の現状をこう見ていた。

「今季これだけの活躍をしていれば、相手投手はフォアボール覚悟でインサイドに見せ球、危険球をガンガン投げてくるので、普段のバッティングはしづらいでしょうね」

内田さんが初めて村上選手を見たのは、巨人の2軍打撃コーチを務めていた18年のことだ。

「当時は新人で今と比べてまだ線は細かったんだけど、二軍監督だった高津臣吾監督がよく辛抱して使っていましたよね。そして2年目からは小川淳司監督の下、一軍で試合に出るようになったんだけど相当な数の三振（184）をしていた。だから（ホームランを）36本も打ったんだけど、当然打率は2割3分1厘と低かったわけです。ただ、翌年は三振の数を減らして3割7厘を打った。私が評価したい一番のポイントはそこで、村上の凄さっていうのは年々、マイナスの部分をクリアして進歩していっているところにあるんです」

——内田さんの教え子で、同じ左の長距離砲の松井さんと似ている点は？

「中心の軸をしっかり保っているという点でしょうね。松井は長嶋（茂雄）さんにも〝自然体で立ちなさい〟、いわゆる〝素立ち〟を意識するように言われていました。それに対し村上は、最初から体を捻って少し背番号がピッチャーに見えるような格好で打席に入っている。本来あれだけ捻るとインサイドのボールに対して、どうしても体が起き上がったり、バットの軌道が外から入るようになる。だが村上の場合にはそういうことが全くありませんね」

——今季、村上選手の成長を感じるポイントは？

「選球眼が良くなってフォアボールが増えたことじゃないでしょうか。私はよく〝バッティングはタイミング〟と言うのですが、彼の場合はタイミングよりも選球眼が良くなったことが、バッティングの向上につながったと感じます。これは王さんにしたって、松井にしたって良いバッターはみんな同じで、選球眼が良くなることで三振が減り、打率もどんどん上がっていくんです」

――スタンスの広さも村上選手の構えの特徴の一つですが。

「スタンスの広さは、エンゼルスの大谷（翔平）と一緒だよね。足のスタンスが広いと、ステイバックして打ちにくいときに準備動作がないので目線がブレない。そうすると、ボールをよく選べるようになるんです。ただ、大谷の場合はピッチャーをやっているので胸や腰回りが柔らかい。だから、ホームランを打ったり、ベストスイングしたときはバットで背中を叩きますよね。一方の村上は自分のトップの位置からボールをすくい上げるのではなくて、長いロープを自分のへその方に極力引き付けてから爆発させるという感じ。打ち終わってから背中を叩くんじゃなくて、自分の肩の辺りまで振り切って終わりというところが大谷とは違いますね。バットにボールを乗せて打つというよりも、ぶつけていく感じなので一層スピンがかかる。だから、あれだけの飛距離が出せるんです」

最後に内田さんはこう語った。

「とにかく技術力も体力も精神力だって、まだまだ発展途上ですよ」

発展途上の身で2022年シーズンの村上選手は、56号&三冠王を達成した。もはやモンスターとしか言いようがない。

松井キラー・遠山奬志の言葉——「誰であろうと逃げたらアカン」

2022年シーズン終盤のプロ野球は、史上最年少での三冠王に輝いた村上宗隆（東京ヤクルト）の話題一色だった。10月3日の横浜DeNA戦では、入江大生投手から〝王貞治超え〟の56号を放った。

同じ左打者ながら、王さんが引っ張り専門だったのに対し、村上選手は広角に打ち分けることができる。ホームランの打球方向は、55本の王がレフト方向に3本、センター方向に3本、ライト方向に49本とライト方向に偏っているのに対し、56本の村上はレフトに9本、左中間に9本、センターに13本、右中間に8本、ライトに17本と満遍なく打ち分けている。

また、王さんは膝元のボールを苦手としていたが、村上選手には、これといったウイークポイントがない。元ヤクルトのエースで、王さんに18本ものホームランを打たれている松岡弘さんは「王さんより村上の方が怖い」と前置きして、こう続けた。

「村上の場合、軸を中心にバットを目いっぱい振り回す力を持っているから、外角のボールでもレフトスタンドに叩き込むことができる。技術的に言うと、トップの位置がビタッと決まっているから、大きく踏み出しても軸がブレない。だから打球が(ボールの左に)切れていかないんだと思います」

ウイークポイントのない村上選手には、これといった〝天敵〟も存在しない。かつて王さんには安田猛さん(ヤクルト)、あるいは松井秀喜さんには遠山奬志さん(阪神→ロッテ→阪神)というサウスポーの〝天敵〟がいたが、村上選手には「顔も見たくない」というピッチャーがいないのだ。

「なぜ最近の左ピッチャーは、もっと村上の内角を突かんのでしょうね」

そう語るのは阪神時代、〝松井キラー〟と呼ばれた遠山さんだ。1999年には松井選手を13打数無安打と完璧に封じ込め、松井選手をして「顔を見るのも嫌だ」と言わしめた。

「言葉は悪いかもしれませんが、〝ぶつけたる〟というくらいの気持ちがなければ、松井ほどのバッターは抑えられません。おそらく今の村上もそうでしょう」

遠山投手が、マウンド上で〝キラー〟に変身できたのは、当時阪神の監督であった野村克也さんの一言がきっかけだった。

「オマエ、給料いくらもろうとる。せいぜい数百万やろう。松井は億円プレーヤーや。格下が格上にぶつけたところで、どうってことない。松井の給料には(当てられる分も)入っとるんやぞ」

これで気持ちがスッと楽になったというのだ。

「ピッチャーに、〝あそこに投げろ〟〝ここに投げろ〟と言ったところで土台、無理な話。〝せやな！〟とピッチャーが素直に納得できる一言が大事なんですよ。もし、野村監督の一言がなかったら、〝松井キラー〟はもちろん、僕の復活もなかったと思いますよ」

ある試合で、遠山投手は松井選手に対し、全てのボールをインコースに集めたことがある。事前に野村監督に、そのことは伝えていた。最後、甘いボールをスタンドに運ばれたが、遠山さんに悔いはなかった。

「打たれたってええんです。相手に〝こいつは本気やな〟と思わせることが大事なんです。たとえホームランを打たれたとしても、それまでの（インコースの）難しいボールに手を出してくれれば、フォームが崩されていく。足元を動かされるのを嫌がるバッターもいます。だから後になって効いてくるんです」

遠山さんによると、村上選手はスタンスが広いことに加え、体重移動がうまい。一番打ち取りにくいバッターだという。

「だからこそピッチャーは逃げたらアカンのです。もっと攻めんと。最近のピッチャーは、皆１５０㎞以上投げるけど、内角を攻め切るだけのコントロールとしつこさが足りないように見えます」

三冠王のモンスター〝村神様〟が誕生した今、ピッチャーたちは、キラーとなって名を売る絶好のチャンスである。神様に刃を向ける不届き者の出現を望みたい。

編　　集　　　　　飯田健之
編集協力　　　　　松山　久
協　　力　　　　　株式会社スポーツコミュニケーションズ
DTP制作　　　　　株式会社 三協美術

村上宗隆 成長記
いかにして熊本は「村神様」を育てたか

2023年4月10日　第１版第１刷

著　者　二宮清純
発行者　伊藤岳人
発行所　株式会社廣済堂出版
〒101-0052　東京都千代田区神田小川町2-3-13　M&Cビル7F
電話　03-6703-0964（編集）
　　　03-6703-0962（販売）
FAX　03-6703-0963（販売）
振替　00180-0-164137
URL　https://www.kosaido-pub.co.jp/
印刷所
製本所　精文堂印刷株式会社

ISBN978-4-331-52387-2　C0075